굿 워크
GOOD WORK

GOOD WORK by E.F.Schumacher
Copyright©1979 by Vreni Schumacher
All rights reserved.

This Korean edition was published by Slow Walk in 2011
by arrangement with Vreni Schumacher, UK,
through KCC(Korea Copyright Center Inc.), Seoul.
이 책은 (주)한국저작권센터(KCC)를 통한
저작권자와의 독점계약으로 느린걸음에서 출간되었습니다.
저작권법에 의해 한국 내에서 보호를 받는 저작물이므로
무단 전재와 복제를 금합니다.

# 굿워크

# GOOD WORK

E. F.
Schumacher

그린비

노동을 하지 않으면 삶은 부패한다
그러나 영혼 없는 노동을 하면 삶은 질식되어 죽어간다

알베르 카뮈 Albert Camus

추천서문

1977년 9월 E. F. 슈마허가 사망하자 동료였던 바바라 바르트Barbara Ward는 슈마허야말로 인류의 생각을 바꾸도록 만든 매우 독창적인 인물 가운데 한 명이라고 설명했다. 슈마허의 생각은 『작은 것이 아름답다』와 『당혹한 이들을 위한 안내서』만으로도 매우 생생하게 살아남을 것이다.
프리츠 슈마허는 놀랍도록 창조적이고 독창적일 뿐만 아니라 우리의 상투적인 생각이나 행동 양식을 파격적으로 바꾸지 않을 수 없을 만큼 근본적이다. 또한 인종, 나이, 계급, 정치적 입장과 종교적 신념의 차이를 뛰어넘어 수많은 사람들에게 호소력을 지닐 정도로 보편적이다. 하지만 무엇보다도 슈마허의 가장 특별한 점은 사람들을 실천으로 이끄는 비상한 힘을 지녔다는 것이다.

이것을 잘 보여주는 가장 확실한 사례가 바로 슈마허가 고안한 '중간기술'이다. 슈마허는 1962년 인도 정부를 위해 만든 보고서에서 처음으로 경제개발에서 기술의 역할이 매우 중요하다는 입장을 피력했다. 그로부터 3년 뒤 우리는 이 생각을 실행에 옮기기 위해 슈마허와 함께 런던에서 〈중간기술개발그룹〉을 출범시켰다. 이 연구팀은 가난한 지역에 사는 사람들의 욕구와 자원에 적합한 기술, 가령 상대적으로 규모가 작고, 간단하며, 자본이 적게 들고 환경을 파괴하지 않도록 신중하게 고안된 기술들을 개발하고 널리 알리는 데 힘써왔다. 오늘날에는 스무 개가 넘는 유사한 연구팀이 세계 여러 지역에서 운영될 뿐 아니라 유엔을 비롯한 전 세계의 여러 정부와 시민단체들까지도 슈마허의 중간기술을 채택하게 되었다. 이제는 가난한 나라만큼이나 부유한 나라들도 이 기술이 의미가 있다는 인식을 하게 되었다.

슈마허와 지난 20년간 함께 일하며 우정을 나눴던 시절을 회상해보면 그가 현실의 방향을 바꾸는 일에 한결같이 매진해왔다는 사실에 놀라게 된다. 아직 30대였을 때 슈마허는 영국에서 잠시 농장 노동자로 일하게 되었는데, 이때 그는 새로운 방안의 국제통화 지불결제 시스템을 고안했다. 이것은 즉각 케인스에 의해 채택되어 영국 정부의 공식제안서가 되었다. 몇 년 뒤 슈마허는 완전고용에 관한 유명한 「비버

리지 보고서」에 주요 저자로 참여했다.[1]

또한 영국 국립석탄위원회의 경제자문가로 활동했던 1950년대와 1960년대에는 지나친 석유 의존이 갖는 위험과 원자력 의존이 갖는 훨씬 더 심각한 위험에 대해 매우 일찍부터 끊임없이 경고를 보냄으로써 정부 측에서 보자면 종종 달갑지 않은 인물이 되기도 했다. 그 무렵 슈마허는 토양협회Soil Association 회장과 영국 공동소유기업의 선구자 격인 스콧 배더 공동회사Scott Bader Commonwealth[2]의 국장, 그리고 중간기술그룹Intermediate Technology Group의 의장을 맡았다.

이때부터 슈마허는 기술이 인간과 자연, 그리고 재생 불가능한 자원에 가한 충격과 이런 기술을 뒷받침해온 사회구조를 지속적으로 분석하기 시작했다. 그는 『작은 것이 아름답다』를 시작으로 기존 경제학과 기술, 그리고 이를 떠받쳐온 가치체제에 대한 맹렬한 공격에 착수했다. 하지만 단순히 공격하는 데서 멈추지 않고 우리를 지속가능한 삶으로 이끌 제대로 된 길을 정밀하게 탐색했다. 『당혹한 이들을 위한 안

---

1  제2차 세계대전 이후 영국 복지정책의 기초를 만든 보고서. 1941년 영국 노동당 정부는 윌리엄 비버리지 경을 위원장으로 사회복지제도 개혁에 착수했다. 다음해 발표된 이 보고서에는 최저 수준의 정액급여제 도입과 포괄적 보건 서비스, 가족수당 지급 등 획기적인 제안들이 포함되었다. (역자 주. 이하 모든 주는 역자의 주임)

2  1921년 영국에서 만들어진 실험적인 기업. 종업원 숫자와 임금 격차, 기업 규모 등을 정부나 국가가 아니라 기업이 만든 위원회에서 제한하는 공동소유권 회사이다.

내서』가 바로 그 결과 나온 지도인 셈인데, 여기에 담긴 철학적 틀은 『작은 것이 아름답다』에서 강조한 도덕적 가치에 누구나 도달할 수 있도록 도와주는 좋은 길잡이가 되었다.
『굿 워크』는 슈마허가 1970년대 중반 미국에서 강연했던 내용을 묶은 책이다. 6만 명의 청중이 몰리기도 했던 슈마허의 강연 여정은 지미 카터 미국 대통령과의 백악관 회담에서 절정에 이르렀다. 이 책의 세 장은 예전에 쓴 글에 토대를 두고 있으나 '좋은 노동'이라는 주제와 연관이 깊어 여기에 실리게 되었다.
이 책은 여러 가지 점에서 예전에 출간된 슈마허의 생각을 다시 숙고하거나 확장한 것이다. 노동체제의 중심에는 어떤 가치관, 다시 말하자면, 인간이란 무엇인가, 다른 사람과는 어떤 관계를 맺는가에 대한 우리의 관점이 담겨 있다. 가령 노동을 청교도적 윤리라는 관점에서 보거나 아니면 좀 더 계몽적 관점에서 보아 노동에서 벗어나면 벗어날수록 더 좋다는 식이 우리 시대 사이비 지식인들에게서 흔히 찾아볼 수 있는 상투적인 태도임을 염두에 두어야 한다. 이와 같은 관점은 노동의 유일한 목적이 돈에 있다고 보기 때문에 – 내가 아는 한 어떤 종교도 절대로 이렇게 설교하지는 않지만 – 무엇보다도 인간본성에 대해 매우 냉소적이고 천박한 태도라고 할 수 있다. 이런 입장은 책의 앞부분에 나오는 인간노동의 세 가지 목적에 대한 슈마허의 생각과 상반된다. 슈마허는 인간은 필요한 재화와 서비스를 생산하기 위해, 또 자신의 재능과 기술을 완성하기 위해, 마지막으로 태생적인 자기중심주의에서 벗어나 다른 사람들을 섬기고 이들과 협력하기 위해 노동을 한다고 보았다.

노동과 인간, 그리고 삶에 대한 슈마허의 해석에 굳이 동의할 의무는 없을 것이다. 하지만 그의 생각을 받아들인다면 이 책을 좀 더 잘 음미할 수 있다. 왜냐하면 『굿 워크』는 기존의 기술과 가치체제가 정치, 경영, 사회, 경제 분야에 끼친 결과와 함께 슈마허가 말한 노동의 세 가지 목적을 실현하기 위한 대안들이 실제로 세계 곳곳에서 어떻게 진행되고 있는지를 모색하기 때문이다. 슈마허는 책 전반에 걸쳐 기업 경영과 소유권 문제, 중간기술과 같은 여러 대안에 직접 참여했던 경험을 자연스럽게 제시한다. 슈마허는 영국 국립석탄위원회, 중간기술개발그룹, 스콧 배더 회사, 토양협회에서뿐만 아니라 인도, 잠비아 등 세계 여러 개발도상국에서 일하고 경험을 쌓아왔다.

이 책에 담긴 슈마허의 생각을 한마디로 말하자면, 어떤 기술을 선택할지는 가난한 나라건 부유한 나라건 상관없이 전 세계 모든 나라가 당면한 가장 중요한 선택이라는 점이다. 가난한 나라의 경우 대다수 농민들이 노동을 통해 빈곤에서 벗어날 수 있으려면 우선 이들의 필요와 자원에 적합한 중간기술이 확보되어야 한다. 반면 부유한 나라의 경우는 좀 더 작고, 좀 더 자본절약적이며, 천연자원을 좀 더 적게 쓰면서 자연환경에도 난폭하지 않는 그런 기술이 필요한 시점에 와 있다. 가난한 나라가 인간다운 생활수준에 도달하기 위해서는 주위의 도움이 필요하다. 선진국에 사는 우리 역시 좀 더 온순하고 비폭력적이며 지속가능한 생활방식을 유지하도록 노력해야 한다. 바로 이것이 국가와 국가들 간에, 그리고 한 국가 내에서 보다 넓은 차원의 평등으로 가는 길이다.

슈마허의 강연원고를 논문형식의 글로 편집하고 싶은 유혹도 있었으나 되도록 손대지 않았다. 아마도 슈마허의 강연장에 왔던 6만 명의 청중은 그때 들었던 내용이 거의 편집되지 않은 채 그대로 실려 있는 것을 보고 기뻐하리라 생각된다. 그 결과 독자들은 이 책에서 가난한 나라건 부유한 나라건 현재 똑같이 직면한 가장 중요한 과제인 누구나 만족스러우며 창조적인 노동을 하고, 품위 있는 생활을 유지하며 조화로운 삶을 살 수 있는 방법을 끊임없이 모색했던 슈마허의 모습을 볼 수 있게 되었다. 조지 케넌이 언급했듯이, 적어도 우리가 지금까지 찾아낸 방식으로도 이 행성에서의 삶이 충분히 가능하도록 최선을 다해 모색했고, 두 발로 서서 큰 소리로 대안을 외쳤고, 놀라운 정신력뿐만 아니라 창조적 에너지와 인간성까지도 모두 다 쏟아 부었던 슈마허의 생생한 모습을 독자들이 이 책에서 볼 수 있게 되었음은 실로 다행스러운 결실이라 하겠다.

조지 맥로비[3]

---

[3] 조지 맥로비George Mcrobie는 국립석탄위원회 재직 시절 슈마허를 만나 〈중간기술개발그룹〉을 함께 만들며 슈마허의 생각과 사상을 현실에 접목하는데 큰 기여를 한 평생의 동지였다.

프롤로그

최근 런던의 『타임』지에 다음과 같이 시작되는 기사가 실렸습니다. "단테가 지옥의 모습을 그릴 때 노동자들이 공장 조립라인 앞에서 아무 생각 없이 지겹도록 반복적인 일을 되풀이하는 모습을 넣었더라면 더 실감났을 것이다. 지금의 노동은 개인의 자발성을 파괴하고 두뇌를 썩게 만드는 일인데도 수백만 명의 영국 노동자들이 일생을 그런 노동에 바치고 있다." 그런데 놀랍게도 이 기사는 예전에 나왔던 유사한 많은 다른 기사들과 마찬가지로 전혀 사람들의 관심을 끌지 못했습니다. 열렬한 부인否認도, 고뇌에 찬 동의도, 어떤 반응도 나오지 않았습니다. '지옥의 모습'이나 '자발성을 파괴하고, 두뇌를 썩게 만든다'와 같은 거칠고 무시무시한 표현에 대해 거짓이자 허풍이라거나 혹은 무책임한 히스테리적인 과장이라거나 아니면, 전복적인 선전문구라는 식의 비난조차도 나오지 않았습니다. 물론 독자들은 기사를 읽고 고개를 끄덕이며 한탄했겠지요. 그러면서 추측건대 다음 기사로 넘어갔겠지요. 생태주의자들이나 환경 보호주의자들, 또 환경파괴 감시자들조차도 이 기사에는 관심이 없었습니다. 만약 인간이 만든 어떤 시설물이 수백만 마리의 새나 바다표범, 혹은 아프리카의 보호구역에 사는 야생동물들의 자발성을 파괴하고, 두뇌를 썩게 만들고 있다는 주장이 나왔다면, 그런 주장은 적어도 심각한 문제로 반박을 받거나 아니면 최소한 사실이라는 시인이라도 나왔을 것입니다. 또 노동자들의 정신이나 두뇌가 아닌 신체가 훼손되었다고 했더라도 상당한 관심을 끌었을 것입니다. 당연한 얘기지만 안전규정을 살피고 조사관을 파견하고 손해배상청구 등과 같은 절차를 밟게 됩니다. 경영자는 노동자에게 위험한 각종 사고를 예방하고 신체적 건강상태를 돌보는 것이 자신의 중요한 의무임을 잘 알고 있습니다. 하지만 노동자의 두뇌와 정신, 영혼에 대해서는 조금도 생각하지 않습니다.

영국 정부는 최근 스톡홀름학회에 「천연자원: 생존을 위한 동력」이라는 제목의 약식 보고서를 제출했습니다. 분명 모든 천연자원 가운데 가장 으뜸은 인간이 지닌 자발성과 상상력, 그리고 지력知力입니다. 누구나 이 사실을 잘 알고 있기에 언제든 얼마든 소위 교육에 돈을 쏟아 부으려고 합니다. 진짜로 생존이 문제라고 생각한다면 모든 자원 가운데 가장 소중한 자원인 인간의 두뇌를 보호하거나 두뇌 개발에 필요한 논의부터 해야 합니다. 그러나 기대와 달리 그런 논의는 보고서에 들어 있지 않았습니다.「생존을 위한 동력」에는 미네랄, 에너지, 물과 같은 물질적 자원들은 모두 거론되었지만 자발성, 상상력, 지력과 같은 비물질적 요소는 전혀 언급되지 않았습니다.

인간 삶의 중심에 노동이 자리하고 있다는 점을 염두에 두면 경제학, 사회학, 정치학 등 관련 학문의 교재에는 모든 이론의 필수적 디딤돌로서 노동에 관한 이론이 담겨 있어야 할 것입니다. 인간은 대부분의 에너지를 노동에 쏟고 있을 뿐 아니라 누군가를 이해하는 데에도 그가 무슨 말을 하는지, 어디에 돈을 쓰는지, 무엇을 소유하는지, 어디에 투표를 하는지보다 실제로 무슨 일을 하는지가 더 중요하기 때문입니다. 인격이나 성격 형성에 가장 결정적인 영향을 끼치는 것이 노동인데도 수업교재에서 노동에 관한 이론을 찾아내는 것은 사실상 헛수고에 지나지 않습니다. 노동자에게 노동이 무엇을 의미하는지에 관한 논의는 거론조차 되지 않습니다. 나아가 노동이 요구하는 바에 - 그나마도 엄밀히 말하자면 주로 기계의 요구에 지나지 않는데 - 노동자 자신을 맞추는 것이 아니라 반대로 노동자들의 욕구에 노동을 맞추는 것이 진짜 중요한 문제라는 점도 거론되는 법이 없습니다.

그렇다면 인간의 존재 목적이나 목표와 인간의 노동은 어떤 연관이 있는지 생각해봅시다. 누구나 이 세상에 태어나면 단지 생존을 위해서뿐만 아니라 자신을 완성하기 위해서도 노동을 해야 한다고 인류의 모든 가르침은 말합니다. 인간이 생존하는 데 필요한 다양한 상품과 서비스는 인간의 노동이 없다면 나올 수 없습니다. 또한 자신을 완성하기 위해서도 "여러분 각자가 어떤 재능을 받았든지 간에 마치 선한 청지기가 여러 방법으로 신의 은총을 나눠주듯 자신의 재능을 다른 사람을 위한 일에 쓰시오"라는 신의 가르침을 따르는 그런 일을 하도록 노력해야 합니다. 여기서 우리는 노동의 세 가지 목적을 이끌어낼 수 있습니다.

첫째는 인간 삶에 꼭 필요하고 유용한 상품이나 서비스를 제공하기 위해서입니다.

둘째는 선한 청지기처럼 신이 주신 재능을 잘 발휘하여 타고난 각자의 재능을 완성하기 위해서입니다.

셋째는 태생적인 자기중심주의에서 해방될 수 있도록 다른 사람들에게 봉사하고 협력하기 위해서입니다.

세 가지 차원에서의 이런 역할을 통해 노동은 인간 삶의 중심이 됩니다. 그러므로 노동이 없는 인간의 삶은 생각조차

할 수 없습니다. 알베르 카뮈는 "노동을 하지 않으면 삶은 부패한다. 그러나 영혼 없는 노동을 하면 삶은 질식되어 죽어 간다"라고 말했습니다.

차례

추천서문   조지 맥로비   7
프롤로그   15

| | | |
|---|---|---|
| 1장 | 한 세기의 종말 앞에서 | 23 |
| 2장 | 산업사회의 4대 죄악 | 49 |
| 3장 | 거대기술의 노예가 되어 | 73 |
| 4장 | 복잡하게 만드는 바보, 단순하게 만드는 천재 | 93 |
| 5장 | 좋은 경영을 위한 안내 | 115 |
| 6장 | 작지만 위대한 실험, 중간기술 | 141 |
| 7장 | 작은 일터가 일자리를 만든다 | 163 |
| 8장 | 일의 즐거움이 없다면 삶의 즐거움도 없다 | 185 |
| 9장 | 그대가 바로 우주이다 | 203 |

옮긴이의 글   슈마허를 찾아가는 길   박혜영   237
찾아보기   260

# 1

# 한 세기의
# 종말앞에서

앞으로 석유는 비싸고 귀한 자원이 될 것입니다.
그러면 여러분은 이렇게 자문해야 합니다.
세계 역사상 유례없이 값싼 석유가 남아돌던 시기에
도대체 무슨 일들이 벌어졌는가?

열기구에 공기를 계속 불어넣으면 열기구는 점점 커지다가 매우 놀라운 모습으로 바뀝니다.

역사가들은 자부심과 만족감에 들떠 성능이 뛰어난 펌프가 최초로 발명된 날짜를 기록합니다. 그러고 나면 성능이 더 뛰어난 펌프가 개발되고, 열기구의 신축성을 증가시킬 놀라운 신종 화학약품들이 나옵니다. 열기구가 일정한 크기에 이르면 다시 그 크기를 두 배로 늘린 날짜를 기록합니다. 또한 두 배로 팽창하는 데 걸린 시간을 좀 더 단축시킨 방법도 기록합니다.

이런 날짜도 모두 중요하고 흥미롭겠지만 이 열기구 표면에 구멍이 생긴 날만큼 중요하고 관심을 가져야 할 날은 없습니다. 아마도 시작될 때에는 아주 작은 구멍이었겠지만 그 구멍에서 계속 공기가 새어나오고 있습니다.

그날이 바로 1973년 10월 6일입니다.
그 후 모든 것은 예전같지 않게 되었습니다.

언젠가 영국에서 기차를 탄 적이 있었는데, 제가 탔던 열차 칸에서 신사 세 명이 열띤 논쟁을 벌이고 있었습니다. 본의 아니게 엿듣고 보니 한 명은 외과의사이고, 다른 한 명은 건축가이며, 마지막 사람은 경제학자였습니다. 그들은 누구의 직업이 역사적으로 가장 오래되었는지 따지고 있었습니다. 전혀 결말이 날 것 같지 않던 논쟁 끝에 외과의사가 말했습니다. "이것 봐, 그만두자고. 성경의 창세기를 읽어보면 창조주께서 아담의 몸에서 갈비뼈를 떼어내 이브를 만드셨다고 되어 있어. 그게 바로 외과의사가 하는 수술이지."
그러자 건축가가 눈썹 하나 까딱하지 않고 말했습니다. "창조주께서는 그 일을 하시기 전에 혼돈으로부터 우주를 먼저 창조하셨지. 그게 바로 건축가의 일이지." 그 말을 듣자 경제학자가 말했습니다. "그럼 혼돈은 누가 만들었지?"
이 문제는 지금 우리가 서구 역사에서 매우 특별하여 일종의 분수령이라고도 할 수 있는 1973년 10월 6일은 이미 지나갔다는 관점에서 살펴봐야 합니다. 돌이켜보자면 이 날은

4차 중동전이 발발한 날입니다. 여기서 저는 어떤 상황을 불러일으킨 특정 전쟁사로서의 날짜가 아닌 이 전쟁으로 인해 촉발된 상황 그 자체의 역사로 되돌아가고자 합니다.

제가 조사한 바에 의하면 제2차 세계대전 이후 대부분의 유럽국가들이 에너지 부족에 시달렸습니다. 모두들 석탄이 부족하다고 아우성을 쳤지요. 1950년대 중반 부국富國들의 조직인 경제협력개발기구OECD는 에너지위원회를 발족시켰고, 여기서 「유럽의 에너지 요구량: 충족될 수 있는가?」라는 보고서가 나왔습니다. 이 보고서는 에너지 효율성을 높이기 위해 가능한 모든 조치를 다 취하라는 점과 함께 유럽의 유일한 주主 에너지원인 석탄산업을 소홀히 하지 말라는 당부를 했습니다. 또한 이 보고서에는 무지하게도 원자력에너지가 무슨 구세주인 양 언급하고 있었습니다. 하지만 이 보고서는 타당하고 믿을 만한 것으로 널리 수용되었고, 영국에서는 국립산업연료효율성사업단the National Industrial Fuel Efficiency Service이 발족되어 산업의 어느 부문에서 에너지를 좀 더 절약할 수 있는지 검토했습니다.

그로부터 얼마 뒤 수에즈 운하를 둘러싼 위기가 처음으로 발생했고, 이로 인해 당시까지 최대의 석유 생산국이자 최대의 소비국이던 미국을 비롯한 석유 수입국들이 쇼크에 빠지게 되었습니다. 전직 장성 출신이었던 당시 미국 대통령

아이젠하워는 이렇게 말했습니다. "이게 뭐지? 우리가 그동안 중동산 석유에 의존해왔단 말인가? 어떻게 그렇게 될 수 있었지?" 답은 매우 간단합니다. 미국은 석유가 대단히 풍부한 나라였지만 이미 지난 백 년 동안 개발해버린 까닭에 석유를 찾아내려면 땅을 더 깊이 파야 했습니다. 반면에 중동은 상대적으로 늦게 발견된 유전인 데다 실제로 유정油井마다 석유가 들어 있었습니다. 따라서 중동산 석유는 미국산 석유보다 훨씬 저렴했고, 그래서 더 많은 중동산 석유가 미국으로 흘러들어 올 수 있었습니다. 석유 기업들은 그런 수요의 흐름에 잘 대처해왔지요.

그러나 아이젠하워 대통령은 이 문제를 다르게 보았습니다. "우리에겐 석유가 없구나. 그동안 기름이 없으면 전혀 써먹지도 못할 무기개발에 수십억 달러를 쏟아 부은 셈이군. 그것도 지금까지 소련 바로 옆에 붙어 있는 중동산 석유에 의존하고 있었다니! 만약 저 러시아 곰이 한쪽 발을 들어 중동을 쓸어버린다면, 그러면 어쩐다?" 그래서 그는 수입량을 통제하기로 했습니다. 미국은 자기 입맛에 맞지 않을 때를 제외하면 언제나 자유무역을 옹호해왔습니다. 물론 이 경우는 미국의 입맛에 맞지 않았죠. 그래서 미국은 대략 석유 필요량의 88퍼센트는 자국산으로 충당하고 12퍼센트만 수입하되, 그 12퍼센트도 서반구, 즉 남북 아메리카 대륙에서 들여오는 식으로 수입을 통제했습니다.

세계 최대의 시장이던 미국으로 그동안 석유 유입량을 늘리려고 매진해왔던 석유 기업들은 이제 셔터가 내려오고 있음을 알아차렸습니다. 이들은 세계에서 두 번째로 큰 시장인 유럽으로 석유를 돌렸습니다. 그러자 이번에는 유럽 내에서 석유 점유율을 늘리기 위한 석탄과의 치열한 자리다툼뿐만 아니라 점점 커져 가는 석유 시장을 독차지하기 위해 석유 기업들 간에 서로 물고 뜯는 살인적인 경쟁까지 벌어졌습니다. 원래 팔 수 있는 양보다 시장 점유율에 더 관심을 갖는 게 장사꾼식의 거래법입니다. 석탄과의 경쟁뿐 아니라 자기들끼리의 치열한 내부경쟁으로 인해 석유 기업들은 원유가를 낮추게 되었고, 오로지 유럽 시장을 독차지하기 위해 오랫동안 석유를 헐값에 팔게 되었습니다. 물론 탄광은 한번 문을 닫게 되자 쉽게 파낼 수 있는 탄광조차 다시는 문을 열 수 없게 되었습니다.

유가가 계속 낮아지자 석유 수입국들까지 고통을 겪는 일이 벌어졌습니다. 석유 기업들이 자꾸 유가를 낮추자 석유 수출국들이 머리를 맞대고 이런 생각을 하게 되었기 때문입니다. "우리도 할 만큼 했다. 이제는 힘을 모아 방어전을 펴야 한다." 이때가 1960년입니다. 산유국들이 석유 수출국 기구 OPEC를 결성하려고 했을 때 다들 이렇게 말했습니다. "아랍인들과 어중이떠중이들이 모여봐야 서로 합의를 보기 어려울 거야. 카르텔을 형성하려는 모양이지만 별 성과를 얻지 못할 걸!" 예상대로 처음 몇 년간은 아무 이득도 얻지 못했습니다. 사실 아기가 걸음마를 떼는 데도 얼마간의 시간이 필요한 법입니다. 하지만 산유국 주위로 정통한 전문가들이 조금씩 모여들자 - 이들을 끌어들일 돈은 충분했으니까요 - 1960년대 중반부터는 산유국들도 비즈니스를 이해하게 되었습니다.

그동안 거대한 자원을 소유하고 인재를 끌어 모을 수 있는 석유 기업들이 석유 사업을 관리해온 까닭에, 실제로 산유국들은 별로 재미를 보지 못했습니다. 그러나 OPEC이 인재들을 끌어 모으기 시작하고, 1965년 무렵이 되자 이제 산유국들도 석유를 둘러싸고 어떤 일들이 벌어지는지 알게 되었습니다. 바로 석유란 인간이 생산한 자원이 아니라는 점입니다. 인간이 찾아낸 것이죠. 즉 유정이란 마치 곳간과 같아서 필요하면 들어가서 꺼내오면 되지만, 한번 꺼내 오면 다시는 더 꺼낼 수 없다는 것입니다. 가령 올해 수확해도 내년에 또 수확할 수 있는 밀 농사와는 전혀 다릅니다. 밀은 저질의 농법으로 땅을 완전히 망치지 않는 한 해마다 계속 수확할 수 있습니다. 밀은 감소하는 자산이 아니기 때문이죠. 그러나 석유는 석탄과 마찬가지로 꺼내 쓰는 것이며, 꺼내 쓸수록 줄어드는 자산입니다. 산유국들이 이 점을 깨닫게 되자 유럽이나 일본, 미국이 제시한 석유 요구량을 들으며 걱정을 하게 되었습니다. "이런! 이러다간 완전히 동이 나겠군. 앞으로 20~30년은 버티겠지만 그다음엔 어쩐다?" 산유국들은 소란을 피우기 시작했습니다. 언제나 이해가 빠른 사람은 있으니까요. 당시에 석유 생산량을 가장 탐욕스럽게 늘렸던 사람은 이란의 국왕이었습니다. 그는 자기 코앞도 내다보지 못한 채 오직 생산량을 늘리기만 하면 돈을 더 많이 벌게 될 것으로 생각했습니다.

하지만 석유가 떨어질까 봐 내심 걱정하는 이들도 나오기 시작했습니다. 마침내 1969년 말에 일이 터졌습니다. 리비아에서 정권이 바뀌게 된 것입니다. 카다피 대령은 늙은 국왕을 몰아내고 스물여덟이라는 약관의 나이에 권좌에 올랐습니다. 그는 석유 노다지가 언제까지 지속될 수 있는지 알고 싶었습니다. 이런 답변을 들었겠지요. "글쎄요. 현재로서는 확인된 매장량만 알 수 있을 뿐이고 앞으로 얼마나 더 찾아낼 수 있을지는 신만이 아시겠지요. 그나마도 순전히 추측일 뿐입니다. 그러나 지금까지의 수요 증가추세를 볼 때 현재 확인된 석유 매장량이라면 앞으로 8년 정도는 갈 것입니다. 만약 생산량을 동결하면 20년은 갈 것입니다." 스물여덟 살의 카다피 대령은 "스물여덟 더하기 20년이면, 그러면 그다음엔 어떻게 되느냐"고 물었습니다. 대답을 듣고 결심했습니다. '다시 낙타와 모래만 있던 시절로 되돌아가자고? 음, 그럴 수는 없다. 적어도 앞으로 60년 정도는 석유가 더 있어야겠다!' 그는 석유 기업들을 찾아다니며 생산량을 더는 늘리지 말고 소폭이라도 좋으니 줄여달라고 요청했습니다. 그는 푸대접을 받았죠. 카다피는 기업들과 원만하게 지내기 어렵다는 것을 알아차리고 석유 기업들을 전부 국유화하여 직접 통제하기 시작했습니다. 1970년 리비아라는 한 국가에서 원유생산량을 단지 '소폭'으로 줄였을 뿐인데도 바로 세계 원유시장에서 원유가격이 50퍼센트 상승되는 파급효과가 나타났습니다.

여기서 산유국들은 다시는 배울 수 없는 한 가지 교훈을 배웠습니다. 석유는 적게 생산할수록 더 돈이 된다는 것입니다. 왜냐하면 석유는 재생산될 수도 재생될 수도 없는 존속기간이 유한한 자산일뿐만 아니라 휘발유값이 20퍼센트 정도 오른다 해도 자동차 숫자가 여기에 맞춰 감소하는 것이 아니어서 실제 수요는 탄력적으로 조정될 수도 없기 때문입니다. 게다가 자동차 연료는 전체 석유 소비 도표로 보자면 빙산의 일각에 지나지 않습니다. 하지만 카다피 대령은 전 세계가 가장 혐오하는 인물이 되었고, 다른 아랍인들과 석유 생산자들은 카다피 대령처럼 미움을 받고 싶진 않았습니다. 그들은 석유 수입국들이 위험한 놈들이며, 폭력에도 능수능란한 데 비해 자신들은 아무것도 아니라는 사실을 눈치챘습니다. 하지만 어떻게 해야 할지 몰랐습니다. 그저 산유국들의 석유를 다 합쳐도 앞으로 남은 석유 자원의 기대수명이 고작 17년 정도뿐이며, 설령 넉넉하게 계산하더라도 20년에서 25년 정도로 별 차이가 없다는 사실 때문에 걱정만 늘어갈 따름이었습니다. 이 정도 기간은 한 국가의 전체 존속기간에 비하면 그저 몇 분에 지나지 않습니다.

그렇다면 어떻게 하면 좋을까요? 산유국들은 카다피 대령을 따라하거나 막무가내로 밀어붙이기보다는 좀 더 원만하게 일을 해결하고 싶었습니다. 산유국들은 OPEC 사무총장을 파견했고, 그는 모든 석유 수입국을 돌아다니며 연설을 했습니다. "제발, 요구량을 줄이세요. 구매량이 너무 많습니다. 우리는 어떻게 되겠습니까? 어쩌면 여러분은 원자력에너지나 에너지자립 프로젝트를 통해 구원되기를 바라거나 아니면 알래스카나 북해, 혹은 북극 해저에서 더 많은 석유를 찾아낼 생각인지도 모르겠습니다. 하지만 그 석유를 얻으려고 해도 파이프라인을 건설하는 데만 우리가 가진 석유를 전부 다 써야 할 것입니다. 물론 석유 대금이야 받겠지만 그게 무슨 소용이 있겠습니까? 피를 흘리며 죽어가는데 돈을 준다고 해서 목숨이 연장되는 것은 아닙니다. 우리는 어떻게 될까요? 이것이 문제입니다."

연설이 끝났을 때 2억 5,000만 명이 듣고 있었습니다. 앞으로 산유국들은 어떻게 될까요? 그들의 유일한 생계수단은 석유이며, 향후 25년 이내로 다른 대안적인 생계방편을 만들 수 없습니다. 그래서 제발 요구량을 줄여달라고 호소를 한 것입니다.

물론 아무도 귀담아 듣지 않았습니다. 그러다가 1973년 10월 6일 미국의 위대한 맹방인 사우디아라비아에서, 그것도 믿을만하고 존경받던 파이잘 국왕이 워싱턴 행정부로서는 매우 실망스럽게도 이런 말을 하는 사태가 터졌습니다. "지금부터 우리는 이스라엘에 대한 정치적 무기로 석유를 이용할 것이다. 전쟁이 계속되는 한 석유 생산량을 매달 5퍼센트씩 - 아니, 10퍼센트였던가요? - 줄여나갈 것이다." 석유 수입국들은 공포에 사로잡혔습니다. 국제 석유 경매시장에서 입찰가는 계속 올라갔습니다. 수 주 만에 1970년에 50퍼센트나 뛰었던 원유 가격보다 네 배까지 뛰었습니다. 유가가 이렇게 오르자 산유국들은 곧 다음과 같이 말했습니다. "자, 우리는 처음으로 석유 수입국들이 아무리 높은 가격이라도 기꺼이 석유를 구매하려고 할 만큼 석유가 진귀하다는 것을 보았다. 이제 공식유가를 정하자. 정치적 무기로 석유를 이용하느니 어쩌니 하는 말은 잊어라. 이 가격이라면 원하는 만큼 석유를 공급하겠다."

1960년대 말에 미국은 앞으로의 석유 수입 요구량에 관한 예상치를 만들어보았습니다. 왜냐하면 비록 미국이 당시로서는 세계 최대의 석유 생산국이라 하더라도 1970~1971년이면 생산량이 한계에 도달하고 이후로는 줄어들 것이기 때문입니다. 반면 석유 소비량은 계속 증가할 것으로 예상되어 양자 간의 격차가 벌어지고 있었습니다. 약 5년 전에 워싱턴 행정부는 1985년에는 중동과 북아프리카 두 지역에서 생산되는 석유를 전량 구매하고 싶다는 발표를 한 적 있습니다. 두말할 필요 없이 일본과 서유럽은 약간의 충격을 받았습니다. 미국이 이 지역의 석유를 모두 다 사버린다면? 오! 그건 안 될 말입니다. 그럴 경우 아랍국들, 특히 미국의 맹방인 사우디아라비아는 석유 생산량을 두 배로 늘려야 합니다.

그래서 파이잘 국왕은 석유성 장관인 야미니를 미국에 보내 이렇게 전했습니다. "석유 생산량을 두 배로 늘리는 것은 문제가 없다 – 이 사람들은 석유 매장량에 대해서는 별 걱정을 안 했던 것 같지요? – 하지만 미국이 과연 그 돈을 지불할 수 있겠는가?" 야미니는 이런 답변을 들었습니다. "글쎄, 구매대금을 다시 미국 내로 돌려 그 돈으로 사우디아라비아가 미국 기업들을 사들이면 어떻겠는가?" 몇 년 전 『타임』지에 나왔던 1985년에 대한 예측 기사에 사우디아라비아의 왕자들이 GM의 대주주가 되어 디트로이트에 도착하거나, IBM과 콜롬비아 방송사의 대주주가 되어 주주총회에 참석한다는 가상의 내용이 실린 적이 있습니다. 야미니 장관은 이런 미래의 모습에 상당히 고무되었던 것 같습니다. 야미니는 돌아가 국왕에게 말했습니다. "정말 멋진 제안입니다. 우리는 역사상 가장 거대한 자본가가 될 것입니다. 미국 산업의 막대한 몫이 우리 차지가 될 것입니다." 그러자 늙은 국왕은 이렇게 말했습니다. "잊어버리게. 외국 자본가들이 미국에게 조금이라도 밉게 보이면 얼마나 쉽게 재산을 몰수당할 수 있는지 우리 아랍인들은 잘 알고 있지 않은가. 미국 의회의 서명 한 장이면 우리 자산은 금방 수용될 텐데. 그다음에는 어떻게 할 것인가? 결국 석유까지 다 잃게 된다네. 그렇다고 미국에 군함이라도 출동시킬 텐가? 그럴 순 없지. 석유에 관한 한 가장 안전한 투자는 석유 생산과 판매로 필요한 돈을 얻었으면 나머지는 그대로 땅 속에 묻어두는 거라네."

주지하다시피 아랍인들은 미국 내에서 장기투자를 할 만한 채비에 들어가지 못했습니다. 어쨌든 아랍인들은 심지어 권력자의 자산일지라도 미국에서는 얼마든지 쉽게 수용될 수 있다는 사실을 알게 되었습니다. 그리고 산유국들은 석유를 빼면 실제로 별로 힘도 없습니다. 그래서 비록 아직 어떤 판단을 내리기는 어렵지만 1973년 10월 6일의 일을 계기로 앞으로 약 10년 이내에, 혹은 더 빨라질지도 모르지만, 석유 산출량이 예전의 절반 정도로 계속 줄어들 거라고 전망을 내놓은 것입니다. 물론 앞으로 이렇게 된다고 누구도 확신할 순 없지만 지금까지의 사실을 놓고 보면 논리적으로 그렇다는 것입니다. 그런데 은행계좌에 돈이 계속 채워지기 때문에 우리는 이 점을 눈치 채지 못합니다. 하지만 국제금융시스템은 예전에 써먹은 소위 '핫머니'로 인해 이미 금이 가기 시작했습니다. 핫머니란 정착지를 찾지 못하고 미친 듯이 떠돌아다니는 돈을 말합니다. 뉴욕에서 달러 가치에 문제가 생기면 돈은 프랑크푸르트로 도망가고, 거기서도 문제가 생기면 도쿄로 가고, 일본에서도 무슨 일이 생기면 금방 취리히로 도망가는 식으로 계속 달아납니다. 물론 은행시스템은 핫머니에 대처할 수 없습니다.

핫머니는 돈을 더 채워주는 곳으로 달아납니다. 이 돈을 투자하도록 만들겠다는 건 부질없는 짓입니다. 가령 이란 테헤란의 지하철 건설처럼 천문학적 비용이 들어가는 투자 프로젝트도 실제로 실행하는 데 수년이 걸리기 때문에 연간 매우 제한된 비율의 지출비용만 들어갑니다. 여기에 핫머니를 사용하는 것은 불가능합니다. 상시적으로 이 돈을 흡수할 수 있는 단기성 예금계좌에 묶어두는 것도 불가능합니다. 산유국들은 수용당할 위험까지 감수하며 장기투자를 할 생각도 없습니다. 그러니 당연히 생산량을 줄이겠지요. 이런 조치는 국제 원유가가 여섯 배나 폭등했다는 점과 함께 이제는 인류 역사상 석유를 그토록 값싸게 펑펑 쓰던 시대가 끝났다는 사실을 의미합니다.

물론 상황이 하루아침에 달라지는 것은 아닙니다. 하지만 이제 꼭짓점은 지났고, 앞으로 석유는 비싸고 귀한 자원이 될 것입니다. 이런 결론에 수긍한다면 여러분은 이렇게 자문해야 합니다. 세계 역사상 값싼 석유가 그토록 남아돌던 전대미문의 그 짧은 기간 동안 결과적으로 대량의 저가 석유로 인해 어떤 일이 벌어졌는가? 결과적으로 어떤 식의 경제생활이 형성되었는가? 대량의 저가 석유의 직접적 결과로 가능했던 모든 것이 이제 그런 경제적 토대가 점차 후퇴하면서 붕괴되거나 사라질 위험에 처하게 되었습니다.

대량의 저가 석유로, 혹은 좀 더 일반적으로 값싸고 풍부한 화석연료 덕분에 무엇이 가능했을까요? 먼저 고도로 석유 의존적인 현대식 농업시스템이 가능했습니다. 우리가 먹는 것은 생리학적으로 말하자면 갖가지 종류의 음식이지만 경제학적으로 말하자면 주로 석유를 먹는다고 할 수 있습니다. 아닌 게 아니라 갈수록 음식에서 석유 맛이 납니다. 물론 예전에는 그렇지 않았습니다. 지금의 석유가 하는 일을 예전에는 적절한 재활용이나 윤번제, 흙 속의 미생물이 하거나 생물학적 농법 혹은 유기농법이 대신했습니다. 이 방식은 인간 생존의 토대였고, 지금도 세계 곳곳에서 사용됩니다. 하지만 여기에 약간의 과학이 침투하자 오히려 이 방식은 정체되어 버렸습니다. 마침내 서구는 이 방식을 버렸고, 그 대신 이제는 화학물질과 인공 비료에 토대를 둔 농업시스템이 들어서게 되었습니다. 그래서 미생물에게 맡기던 일을 지금은 아랍인들에게 맡기게 되었습니다. 재생 가능한 자원이 재생 불가능한 자원으로 대체된 것입니다. 현대화된 농업시스템으로 인류 전체를 먹여 살릴 수 있다고들 하지만 40억 인구를 전부 현대식 농업기술로 먹여 살리려면 에너지, 즉 석유라는 측면에서 볼 때 농업 한 분야에만 지난 30년간 발굴한 석유 매장량을 죄다 써야 합니다. 농업 한 분야에서만 말입니다.

명백히 이런 시스템은 전 세계에 적용될 수 없습니다. 단기적인 시스템이지 항구적인 것이 아닙니다. 인산염의 경우를 생각해봅시다. 모로코는 인산염의 주요 수출국이었습니다. 모로코 사람들은 석유 산유국들과 마찬가지로 어느 날 갑자기 인산염이 재생 불가능한 자산이라는 사실에 눈을 떴습니다. 인산염 매장지의 개발 비율이 증가하고 있기에 대략 30년 이내로 인산염이 고갈되어 바닥이 드러나는 것을 보게 될 것입니다. 미국에도 인산염 매장지가 있습니다. 제가

들은 것이 맞는지 알 수 없으나 미국이 인산염을 수출하기 위해 소련과 중대한 계약을 체결했다고 합니다. 만약 사실이라면 이런 조치는 현대적 기술에 의존하는 지금의 농업상황에 장애물로 작용할 것이기 때문에 자원은 회복될 가능성이 없습니다. 석유만이 아닙니다. 가령 모래처럼 어디에나 널려 있는 자원을 제외한 재생 불가능한 자원에 모두 해당되는 문제입니다.

이제 우리가 할 일은 이런 상황을 전체적인 맥락에서 돌아보는 것입니다. 농업에 대해 가령 석유 의존적이긴 하지만 그래도 잘 돌아가지 않느냐고 단순하게 말해서는 안 됩니다. 이런 식의 발언은 지금의 시스템이 어떤 위협도 받지 않은 채 앞으로도 영원히 지속될 수 있다는 가정에서만 가능합니다. 그러나 이 시스템은 지속될 수 없습니다. 선택의 문제가 아니라 당위의 문제입니다. 우리는 반드시 더 유기적인 시스템을 찾아내야 합니다. 여기서 생태학이나 영양학 용어를 들먹이며 그렇다면 보다 유기적인 시스템이 무엇인가를 놓고 논쟁을 벌일 필요는 전혀 없습니다. 그것은 부차적인 논쟁입니다. 원하든 원치 않든 간에 유기적인 시스템은 반드시 필요합니다.

짧은 기간 대량의 저가 석유가 낳은 또 다른 결과는 바로 흉물스러운 도시의 출현입니다. 인간에게는 도시가 필요하다고들 합니다. 자급농업 상태에서는 문화가 나올 수 없다는 겁니다. 인구밀도가 상당한 수준이 되어야 상호 간에 성장이 가능해져 인간 정신을 꽃피울 수 있다고 합니다. 도시는 지난 5,000~6,000년간 존재해왔지만 일정 규모 이상으로 확대되지 않았습니다. 왜 그럴까요? 대도시는 혼자 힘으로 생존할 수 없기 때문입니다. 대도시는 도시 내부뿐 아니라 도시 외부의 땅에도 의존합니다. 내륙 도시들은 주변에 식량을 공급해줄 배후지가 필요합니다. 그런데 옛날에는 동물이나 인간이 유일한 운송에너지였기 때문에 도시의 반경이 더 커질 수 없었습니다. 해안 도시의 경우는 이외에도 풍력에너지를 사용할 수 있었습니다. 그래서 역사상 가장 규모가 큰 도시들은 배를 통해 식량 공급이 가능했던 해안가를 따라 생겨났습니다. 이런 이유로 약 100년 전만 해도 20만 명, 30만 명이 넘는 대도시는 나올 수 없었습니다.

그런데 도시 팽창의 발목을 잡았던 식량 공급 문제가 석탄이나 석유 같은 화석연료를 이용하게 되면서 해결되었습니다. 화석연료를 사용할 새로운 운송기술이 개발되었기 때문입니다. 이제 대도시는 전 세계에서 식량을 공급받을 수 있게 되었습니다. 내륙 도시도 전 세계로 연결되었습니다. 도시 팽창에는 또 다른 걸림돌이 있습니다. 만약 100명을 먹여 살리는데 80명이 필요하다면 오직 20명만 도시에 살 수 있고 나머지 80명은 농촌을 떠나서는 안 됩니다. 그런데 1인당 생산력이 급속히 증가되어 - 물론 여기에는 여성도 포함됩니다 - 5명이 100명을 먹여 살릴 수 있게 되면 95명은 도시에 살 수 있고, 오직 5명만 농촌에 남아도 됩니다. 따라서 대도시가 탄생하려면 1인당 농업생산성이 급격히 늘어나야 합니다. 오늘날과 같은 크기의 현대도시들은 두 번째 전제조건이 충족되면서 가능하게 되었습니다.

도시는 석유라는 에너지를 계속 넣어줘야만 움직일 수 있는 거대한 기계입니다. 이 도시들은 앞으로 어떻게 될까요? 휘발유 가격만 네 배로 뛰어도 도시생활은 전보다 훨씬 성가시고 부담스러워질 것입니다. 태양열이나 풍력 같은 소위 '소득 창출형 에너지 income energies'를 도시에 적용해보자는 제안도 별 소용이 없습니다. 집 한 채 정도라면 태양열로도 매우 따뜻하게 데울 수 있지만 가령 록펠러 센터 전체를 그렇게 할 수는 없기 때문입니다. 실제로 태양열과 풍력을 다 동원해도 록펠러 센터의 엘리베이터들을 움직일 수 없습니다. 록펠러 센터의 객실은 엘리베이터 없이는 나다닐 수 없습니다. 30층이나 50층을 오르락내리락 걸어 다닌다고 생각해보세요. 그래서 도시생활이 점점 더 무거운 짐이 된다는 것입니다.

그러면 도시를 떠나 앞으로는 도시 바깥에 살면 되지 않느냐고 생각해볼 수 있습니다. 하지만 누가 받아줄까요? 어떤 경제체제로 도망갈 수 있을까요? 도시에서 떨어져 나올 수는 있겠지만 도대체 갈 데가 어디 있을까요?

운송수단을 한번 살펴봅시다. 우리에게 친숙한 교통수단은 모두 값싼 석유가 풍부하지 않으면 생각할 수 없습니다. 미국의 디트로이트에 가면 일제 자동차들이 휙휙 지나가는 것을 많이 볼 수 있습니다. 도쿄에서 디트로이트까지 차를 가져와도 될 만큼 운송비가 저렴해 일제 차들이 디트로이트산 자동차와 경쟁할 수 있기 때문입니다. 영국에도 일제 자동차가 많은데, 이것도 똑같은 사실을 상징합니다. 런던에서 고속도로를 타보면 대형 트럭으로 도로가 덮일 만큼 런던에서 글래스고로 비스킷을 싣고 올라가는 화물차를 많이 볼 수 있습니다. 마찬가지로 반대편 고속도로도 글래스고에서 런던으로 비스킷을 싣고 내려가는 대형 트럭으로 가득합니다. 만약 이 광경을 다른 은하계에서 온 외계인이 들여다본다면 비스킷이 제 맛을 내려면 최소한 600마일을 달려야 한다고 단정지을 것입니다.

그러면 왜들 이렇게 실어 나를까요? 사업가들은 바보가 아닙니다. 그렇게 해도 수지가 맞기 때문입니다. 왜 수지가 맞을까요? 물론 대량의 저가 석유 덕분이지만 이면에 다른 뭔가가 있습니다. 비스킷과 같은 작은 품목도 런던과 글래스고에서 대량생산을 하려면 간접비용이 많이 들어갑니다. 이렇게 간접비용이 올라가면 반대로 마지막 비스킷을 만드는 데 드는 한계비용[4]은 매우 낮아집니다. 왜냐하면 앞서 만든 비스킷 가격에 이미 생산비용이 다 들어 있기 때문입니다. 이것은 가령 사립기숙학교를 운영하는 방식과 비슷합니다. 즉 처음 들어온 50명의 신입생이 교사 인건비와 건물비용 같은 온갖 비용을 모두 지불하는 셈입니다. 소유주는 학생 숫자가 51명이나 52명을 넘어설 때부터 돈을 벌게 됩니다. 이처럼 한계비용은 평균비용에서 아주 적은 부분에 지나지 않습니다.

그러면 런던에 사는 판매업자는 이런 생각을 할 것입니다. '그동안 런던에서만 물건을 팔았는데, 내 생산능력에 못 미친다. 생산능력을 최대한 늘려 대량생산을 하게 되면 한계비용은 얼마 되지 않는다. 그러면 한계비용이 적은 생산품들을 글래스고처럼 멀리까지 싣고 갈 수 있다. 설령 평균비용 대비 한계비용의 차익이 거의 다 운송비용으로 들어가더라도 조금이라도 남는 게 있으면 멀리까지 가서라도 파는 게 더 낫다.' 이 사람의 생각은 맞습니다. 적어도 글래스고에 사는 판매업자가 똑같은 생각으로 생산능력을 최대한 높여

---

4 한계비용 marginal cost. 산출물의 1단위가 추가 혹은 감소할 때마다 증가하거나 감소하는 비용.

런던 시장에 진출하지 않는다면 말입니다. 런던과 글래스고의 판매업자는 각자의 입장에서 보자면 상당히 합리적인 계산을 한 셈이지만 두 사람을 함께 놓고 보면 완전히 터무니없는 생각임을 알 수 있습니다.

경제학은 이런 식으로 사람들을 현혹합니다. 전체 총액으로 보자면 터무니없는 거래인데도 그 나름의 논리를 만들어줍니다. 이것은 꽤 흥미로운 주제입니다. 여기서 저는 이런 일이 비스킷의 경우처럼 대량생산과 대규모의 자본집약에서 나온다는 점에 주목하고자 합니다. 평균비용에서 한계비용이 차지하는 비율이 아주 적은 그런 식의 생산양식을 유지하는 한, 설령 운송비용이 증가하더라도 위와 같은 현상은 나타납니다. 무엇보다도 이런 이유에서 – 결국 처음 한 가지에서 모든 것이 비롯되지만 – 대량생산 방식은 풍부하고 값싼 석유가 낳은 현상이며, 이제 대량의 저가 석유 시대가 끝나감에 따라 조만간 대량생산방식이 문제가 될 것이라고 결론짓게 되었습니다.

그렇다면 어떤 대안이 있을까요? 고도로 복잡하고 자본집약적인 대량생산방식 대신에 소규모로도 가능하고 지나치게 복잡하지 않은 생산방식이 있는지 살펴보아야 합니다. 또한 막대한 자본축적 없이도 가능한 단순한 기술방식을 찾아내도록 애써야 합니다. 그렇게 되면 우리의 생활양식도

달라질 것입니다. 아직까지도 우리는 기술적으로 성숙하지 못한 탓에 '크면 클수록 좋다'를 진리로 신봉해온 19세기 사고방식에 젖어 있습니다. 그래서 규모의 경제학은 대규모일 때만 가능하다고 믿고 있습니다. 그러나 이것은 기술수준이 낮을 때의 얘기이고, 지금은 맞지 않습니다.

지금 우리에게는 다시 작게 만들 수 있는 기술과 과학 지식이 충분합니다. 이것은 이론적으로 따질 문제가 아닙니다. 이론적으로 가능성을 반박하거나 지지할 문제가 아닙니다. 몇 사람이 필요한 설계를 연구하면 됩니다. 물론 모든 분야가 다 그렇진 않겠지요. 보잉사의 비행기를 작은 크기로 만들 수 있다고 보진 않습니다. 하지만 사람이 사는 데 필요한 기본적인 물품으로는 시작해볼 수 있습니다. 생활에 정말 필요한 물건은 대부분 누구든지 매우 단순한 기술과 적은 초기자본으로 아주 간단하고 효율적이며 실용적으로 또 소규모로 만들어낼 수 있습니다.

지난 100년간 그랬듯이 더 크고, 더 복잡하고, 더 자본이 드는 기술적 흐름을 계속 고수한다면 필연적으로 더 많은 사람들이 소외되게 됩니다. 모든 것은 이미 부유하거나 힘 있는 자들에게로 돌아갑니다. 돈 많고 힘 있는 사람들이 과연 가난한 사람들에게도 끼어들 수 있는 틈을 마련해줄까요? 일부 가난한 사람들은 "틈에 너 자신을 맞출지어다"라는 제

1계명을 따르지 않은 채 당돌하게도 이렇게 말할지 모릅니다. "나는 내 맘대로 할 테야. 능력도 있고, 머리도 좋고, 손재주도 있으니 내가 뭐든 만들어볼 거야." 하지만 곧 자신에게는 자본이 없어서 아무것도 만들 수 없다는 사실을 깨닫게 됩니다. 이제 기술은 인간적인 규모 이상으로 커지고 있습니다. 이 기술을 다시 인간적인 규모로 되돌릴 수 있는지가 관건입니다. 이것은 이론적 차원에서 다루거나 따질 문제가 아닙니다. 실제 경험에 근거해서 살펴봐야 합니다.

제가 몸담고 있는 중간기술개발그룹은 지난 10년간 이 문제를 연구해왔습니다. 어떤 분야든 시도할 때마다 모든 게 완벽하게 가능하다는 사실을 발견했습니다. 가령 시멘트만 하더라도 생산규모가 점점 더 커져 지금은 공장 하나가 1년에 50만 톤 이상의 생산 설비를 갖추는 게 시멘트 산업의 최신 경향입니다. 하지만 우리가 가진 기술을 살리고 설계연구를 잘하면 소규모의 시멘트 공장을 얼마든지 지을 수 있습니다. 그러면 50만 톤씩 생산하는 거대한 공장을 하나 세우는 대신 연간 몇 천 톤의 생산규모를 가진 100개의 작은 공장을 자원과 수요가 있는 여러 지역으로 분산시켜 지을 수 있습니다. 이것은 가능합니다. 벽돌이나 목재도 이런 방식으로 생산할 수 있습니다. 어느 분야건 다 시도해볼 수 있습니다. 모두 가능합니다.

# 2

# 산업사회의
# 4대 죄악

인간이 전 세계를 얻고도
영혼을 잃어버린다면
무슨 소용이 있겠는가?

오늘날 우리가 살고 있는 산업사회의 본질과 특성은 무엇일까요? 사물에는 여러 측면의 본질과 특성이 있는데 우리는 어떤 기준으로 본질적으로 중요한 것과 그렇지 않은 것을 구별할 수 있을까요? 여러분도 잘 아시는『복음서』의 가르침에 따라 이 문제를 살펴보겠습니다. 그러기 위해서는 먼저 제가 이해한『복음서』의 가르침부터 말씀드려야겠지요.[5]

우선『복음서』는 삶이란 우리가 소양을 쌓는 배움터이지 살

---

[5] 젊은 시절 마르크스주의에 몰두했던 슈마허는 종교를 믿지 않았다. 하지만 버마에서의 경험을 계기로 불교의 가르침을 따르게 되었고, 이후 가톨릭 사상가들로부터 깊은 감화를 받아 노년에는 가톨릭에 귀의했다.『복음서』는 신약의 마태·마가·누가·요한 복음서를 말하는데, 예수의 탄생과 죽음, 부활과 함께 다양한 우화와 비유를 통한 예수의 가르침이 담겨 있다. 슈마허는『복음서』에 담긴 가르침을 중심으로 현대 산업사회의 문제점을 비판한다.

면서 단순히 그냥 알게 되는 것은 아니라고 말합니다. 이 배움터의 위대한 교장 선생님은 우리가 그저 평온히 살기보다는 - 물론 이 경우의 평온이 그다지 경멸스러운 것이 아닐지라도 - 무언가를 열심히 배우고 애를 쓰면서 살아야 한다고 생각하십니다. 그래서 그분의 도움으로 세상이 지금보다 더 나은 무엇이 되기를 바라십니다. 여기서 무엇이란 '하느님 나라'를 뜻하며, 『복음서』에 의하면 우리가 하느님을 사랑하고 이웃을 자기 몸처럼 사랑하면 하느님 나라를 이룩할 수 있다고 되어 있습니다. 하지만 이와 같은 하느님의 배움터에서 가장 중요한 요소는 배움의 과정이 자유롭게 이루어져 최종적으로 꼭두각시가 아닌 자유로운 인간이 탄생되어야 한다는 것입니다.

그래서 『복음서』가 말하는 과업을 이룩할 수 있는가라는 관점에서 산업사회의 특성을 살펴보려고 합니다. 그에 앞서 『복음서』에 나오는 위대한 우화 가운데 하나인 밀과 가라지의 비유를 먼저 되새겨보고자 합니다. 『복음서』에는 밀과 가라지가 같이 자라도록 내버려두는 것이 신이 만드신 원대한 계획의 일부라고 되어 있습니다. 이 우화를 곰곰이 되새겨보면 우리 사회에도 거대한 선과 거대한 악이 떼어낼 수 없을 만큼 서로 얽힌 채 공존하고 있음을 분명히 보게 됩니다. 하지만 이제 계절이 바뀌고 추수철이 다가오면서 서서히

가라지를 제거할 때가 되었다는 징후가 조금씩 보이기 시작합니다.[6]

어떤 징후일까요? 어떤 표식이 바야흐로 때가 되었다는 것을 알려줄까요? 많은 징후 가운데 한 가지만 언급하자면 변화율의 비정상적인 증가를 들 수 있습니다. 변화율 곡선표를 그려보면 지속적으로 가속 곡선을 그리는 로그함수가 나타납니다. 분명히 이 지구에서 이런 가속 곡선은 무한정 진행될 수 없습니다. 가속 곡선은 머지않아 멈춰야 합니다. 그날이 바로 한 세기의 종말이며 "모든 가치가 재평가" 받는 날이자 『복음서』의 우화대로 밀과 가라지를 서로 갈라놓을 추수의 시기가 될 것입니다.

오늘날의 산업사회를 살펴보면 떼려야 뗄 수 없을 정도로 선과 악이 서로 얽힌 모습을 볼 수 있습니다. 개인의 기질에 따라 선과 악 가운데 어느 한쪽이 더 많다고 느낄 순 있겠지만 선과 악 가운데 어느 한쪽만 보는 것은 진실의 절반을 가

---

6 「마태복음」에 등장하는 밀과 가라지(독초)의 비유는 다음과 같다. 예수님께서는 하늘나라는 자기 밭에 좋은 씨를 뿌리는 사람에 비길 수 있다고 하셨다. 사람들이 자는 동안에 원수가 와서 밀 가운데 가라지를 덧뿌리고 가자, 예수님께서는 가라지를 거두어내려는 주인을 말리며 잘못하다가는 밀을 뽑는 수가 있으니 수확 때까지 둘 다 함께 자라도록 내버려두라고 하셨다. 예수님께서 말씀하시길, "좋은 씨를 뿌리는 이는 사람의 아들이고, 밭은 세상이며, 좋은 씨는 하늘나라의 자녀들이고, 가라지는 악한 자의 자녀들이다. 가라지를 뿌린 원수는 악마다. 그리고 수확 때는 세상의 종말이고 일꾼들은 천사들이다. 그러므로 가라지를 거두어 불에 태우듯이 세상 종말에도 그렇게 될 것이다"(「마태복음」 13장 18~33절).

리는 논의가 될 것입니다.

현대 산업사회는 감당하기 어려울 정도로 매우 복잡하게 얽혀 있어서 사람들의 정신과 시간을 과도하게 앗아갑니다. 이 점이 바로 산업사회가 낳은 가장 커다란 악입니다. 모순처럼 들리시겠지만 현대 산업사회에 이르러 경이로울 정도로 노동시간을 단축시켜줄 기술적 장치가 다양하게 쏟아져 나왔지만 정작 이 기술들은 사람들이 영적으로 중요하게 여기는 일에 헌신할 수 있는 시간은 충분히 만들어주지 못하고 있습니다. 결심이 아주 강하지 않은 이상 영적인 일에 쏟을 시간을 내기가 매우 어렵습니다. 사실상 현대 산업사회에서 참된 여가餘暇는 노동시간을 절약해주는 기계의 증가량과 오히려 반비례한다고 해도 그리 틀린 말이 아닙니다. 만약 저처럼 영국에서 미국으로, 또 버마와 같은 나라로 여행을 해본 사람이라면 이 말이 틀리지 않다는 것을 알게 됩니다. 이 모순을 어떻게 설명할 수 있을까요? 이 모순은 우리가 지금과는 다른 방향으로 가려고 의식적으로 노력하지 않는 한 결핍은 결핍을 충족시켜줄 기술 향상보다 언제나 더 빨리 증가한다는 것을 의미합니다.

이런 관점에서 보자면 육체노동의 긴장 대신 정신노동을 선호하는 최근의 추세는 결코 문제 해결에 도움이 되지 않습니다. 적당한 육체노동은 설령 힘들다 하더라도 그다지 많은 집중력이 필요하지 않지만 정신노동은 엄청난 집중력을 요구합니다. 정신노동을 하는 경우 영적인 일에 매진할 집중력이 남아 있기 어렵습니다. 분명히 고된 육체노동을 하는 농부가 긴장감에 시달리는 사무직 노동자보다 마음을 훨씬 잘 조절하여 신성神性에 쉽게 다가갈 수 있습니다.

따라서 현대 산업사회의 가장 거대한 악은 극도로 복잡하게 얽어매는 산업사회의 본질에서 비롯되며, 그것은 다름 아닌 인간 정신에 과도한 신경증적 긴장을 불러일으키거나 지나칠 정도로 집중력을 앗아가는 것이라고 하겠습니다. 물론 그렇지 않을 수도 있겠죠. 가령 아직까지 미개발 상태인 나라는 서구의 산업주의 가운데 생활을 풍요롭고 편리하게 해줄 것만 채택하고, 해가 되거나 불필요한 겉치레는 전부 거부하며 자신이 원하는 것만 취할 수 있습니다. 하지만 이런 경우가 실제로 나타날 조짐은 없는 것 같습니다. 반대로 산업주의 가운데 정말로 가치 있는 것보다는 오히려 영화나 라디오, 비행기 같은 것이 더 많은 시선을 끕니다.

결핍을 충족시켜줄 능력보다 결핍이 더 빠르게 증가하는 경향이 산업주의 고유의 특징인지 아니면 산업주의를 채택한 서구의 사회형태에서 생긴 특징인지는 논란의 여지가 있습니다. 분명한 점은 이런 현상이 존재하며 사회형태가 이 현상을 악화시킨다는 것입니다. 산업사회는 대규모로 시장을 창출하고 대량생산을 효율적으로 하기 위해 광고가 절대적으로 필요하다고 주장합니다. 하지만 엄청난 물량의 광고가 바로 인간의 탐욕과 시기심, 그리고 욕심을 자극하는 게 아니라면 다른 무엇을 위한 것이겠습니까? 특히 자본주의 사회형태 속의 산업주의는 인간의 치명적인 '7대 죄악'[7] 가운데 이 세 가지 결함을 산업의 동력으로 공공연히 써먹고 있음을 부인하기 어렵습니다. 『복음서』의 관점에서 보면 이것은 악마의 작업으로 간주되어야 합니다. 『복음서』를 거부하고 조롱했던 공산주의조차도 조만간 영국이나 나아가 미국을 "따라잡아야" 한다는 주장만 했지 실제로 더 나은 세상을 만들지 못했습니다. 오래전 영국의 사회주의는 잠시나마 이런 악이 전적으로 산업사회의 독특한 형태인 사적-기업적-이윤추구적 시스템의 작동에서 비롯된 것임을 인식했습니다. 하지만 지금은 영국의 사회주의조차 방향감각을 상실하여, 사회주의가 할 일은 기업보다 더 빨리 가난한 계층의 생활수준을 끌어올리는 데 있다고 보지 않는지 염려스럽습니다. 어떤 식이든 현대 산업사회는 도처에서 인간의 탐욕과 시기심, 욕심을 끝없이 부추기는 사악한 본성을 드러내고 있습니다. 산업사회는 『복음서』의 가르침과는 반대로 개

---

[7] 중세교회는 인간이 저지르는 '7가지 치명적인 악 seven deadly sins'으로 교만, 색욕, 시기, 분노, 탐욕, 탐식, 나태를 들었다. 그중에서도 가장 으뜸 악은 인간의 교만이다.

인의 이기주의를 극대화하기 위해 다양한 인센티브 신화를 만들어냈습니다.

위대한 사상가인 R. H. 토니[8]는 "인간이 다른 인간을 돈벌이의 수단으로 부릴 수 있도록 조장함으로써 인격을 저해하고 인간관계를 타락시킨 현 사회체제에 대해 노골적인 증오감"을 자주 피력했습니다. 토니가 말한 '체제'란 바로 현대 산업사회를 의미합니다. 따라서 또다시 그런 악이 산업주의의 원래의 특성인지, 아니면 서구에서 산업주의가 자본주의라는 특정 사회형태 속에 태어난 결과인지가 논란거리가 될 수 있습니다. 저는 사회형태와는 무관한 산업주의 자체가 가진 원래의 특성이 아닐까라고 우려합니다.

그렇다면 산업주의는 어떤 방식으로 인간의 인격을 저해할까요? 여기에 대한 토니의 입장과 상관없이 제 생각에는 이 체제가 육체노동이건, 정신노동이건 간에 대부분의 노동을 완전히 재미없고 무의미한 것으로 만들어버림으로써 인간의 인격을 저해한다고 봅니다. 산업사회의 노동은 자연과 동떨어진 기계적이고 인위적인 방식이며, 무엇보다도 인간의 잠재능력 가운데 극히 미미한 부분만을 사용하도록 만

---

8 토니R. H. Tawney는 영국의 경제학자이자 역사학자, 사회비평가이자 기독교 사회주의자이다. 첫 저서인 『16세기의 농업문제』를 시작으로 영국의 경제사를 집중적으로 조명했다. 대표 저서로 『탐욕의 사회』, 『종교와 자본주의의 발흥』 등이 있다.

듭니다. 노동자들로서는 도전할 가치도 없고, 자기완성을 위한 자극도 없으며, 발전 가능성이나 진선미의 요소도 찾을 수 없는 그런 노동에 평생을 허비하도록 종신형 판결을 받은 셈입니다.

현대 산업주의의 근본목표는 노동을 만족스럽게 만드는 데 있는 것이 아니라 오로지 노동생산성을 향상시키는 데 있습니다. 산업주의가 이룩한 가장 뿌듯한 업적은 노동시간을 절약한 것이며, 이로 인해 노동은 달갑지 않은 것으로 낙인찍히게 되었습니다. 달갑지 않은 일을 하면서 자부심을 느낄 수는 없기에 노동자들의 삶은 품위 없는 삶이 되었습니다. 그 결과 당연하지만 임금을 올려줘도 좀처럼 개선되지 않거나 아니면 임금을 올려줄 때만 조금 나아지는 그런 암울한 무책임이 널리 퍼지게 되었습니다.

게다가 정치적으로는 민주적인 제도가 마련되어 있다 할지라도 산업사회의 관리방식 자체는 매우 독재적입니다. 만약에 노동자들이 일을 기획할 때부터 의견을 많이 낼 수 있다면 노동자들도 일상의 작업에서 어느 정도 흥미나 품위를 되찾을 수 있을 겁니다. 하지만 노동자들이 실제로 그렇게 할 수 있을지는 의문입니다. 어쨌든 노동자들도 다른 사람들처럼 현대 산업사회의 구성원이기에 이 사회에 널리 퍼진 왜곡된 가치체제로부터 제약을 받게 되기 때문입니다. 어떻게 하면 노동자들이 다른 방식으로 일할 수 있는 법을 배울 수 있을까요?

노동자들에게도 경영에 대한 책임감을 부여하면 놀라울 정도로 경영 업무를 잘 이해하고 공감하며 열중하는 걸 볼 수 있습니다. 그런데도 왜 이런 방식을 채택하지 않을까요? 현대 산업주의는 핵심적인 가치, 기준, 측정방법 등과 같은 시스템을 만들어내는데, 이들은 서로 밀착되어 있어서 시스템이 붕괴될 위기에 처하지 않는 한 어느 누구도 손을 댈 수가 없습니다. 만약 어느 경영자가 "나는 생산성이라는 우상을 거부하겠어. 이제부터는 모든 직업이 인간에게 동등한 가치가 있다는 확신을 보여주겠어"라고 한다면, 그는 직원들이 바라는 임금을 지불할 수 없게 되거나, 혹은 지불하더라도 그 때문에 파산법정에 서게 될지 모른다는 두려움에 떨어야 할 것입니다. 이와 같은 산업사회의 독재적인 운영방식이야말로 인간을 책임 있는 개인이 아닌 오직 '생산의 요소'로서만 취급함으로써 노동자들의 삶을 저해하고 낭비하게 만드는 중차대한 악이라고 할 수 있습니다.

우리는 권한과 책임이 거의 무한정 분산되고, 훨씬 더 작은 규모로 조직된 다른 형태의 산업사회를 개발해볼 수 있습니다. 『복음서』의 관점에서 보아도 위계질서나 권한이 그 자체로는 나쁜 것이 아닙니다. 하지만 권한의 규모도 인간이 감당할 수 있는 정도여야 합니다. 구성원이 100명 정도 규모인 조직이라면 위계질서를 갖추고도 충분히 민주적으로 운영할 수 있습니다. 그러나 수백 명, 혹은 수천 명 규모의 조직체라면 민주주의에 대한 열망이 아무리 크다 할지라도 권위주의에 기대지 않고는 질서를 유지할 수 없습니다.

다음과 같은 현대 산업사회의 네 가지 주요 본성은 『복음서』에 따르면 탐욕스러우면서도 중차대한 네 가지 악으로 봐야 합니다.

1. 광범위하게 복잡한 본성
2. 탐욕, 시기심, 욕심과 같은 치명적인 죄를 끊임없이 부추기고 이용하는 본성
3. 노동에서 품위와 만족을 없애버리는 본성
4. 과도하게 큰 규모로 인한 권위주의적 본성

산업사회의 사악한 본성은 오로지 금전적 이윤 획득만을 추구하는 기업들로 인해 더욱 악화됩니다. 최근 들어 노동조합이 완전고용 덕분에 기업과 맞설 '상쇄의 힘'을 얻게 됨으로써 몇몇 대기업의 경우 상황이 눈에 띄게 좋아지게 되었지만, 여전히 대기업이든 중소기업이든 무책임하고 사악한 모습을 극단적으로 드러내는 자본가들이 많이 있습니다.

이런 사례는 언론, 오락산업, 그리고 출판계 같은 대중문화와 연관된 분야에서 많이 볼 수 있습니다. 아마도 읽어보셨겠지만 리처드 호가트가 쓴 『리터러시의 이용』[9]은 여기에 관한 가장 신랄한 고발서라고 할 수 있습니다. 오늘날 우리 사회에서 벌어지고 있는 가장 사악한 착취는 파렴치한 돈벌이꾼들이 문화로부터 소외되고 교육받지 못한 사회계층이 문화에 대해 품고 있는 갈망을 이용하여 돈을 버는 소위 '문화적 착취'라고 할 수 있습니다. 저로서는 산업단지 곳곳에 진열된 가판용 읽을거리들이 이런 현대 산업사회의 모습에 대한 신랄한 고발서처럼 보입니다. "당신들이 원하는 건 바로 이거야"라는 듯 가판대에 진열된 읽을거리는 실제로는 사람들의 자존심에 상처를 주고 모욕까지 얹어줍니다. 가판대에 있는 읽을거리는 사람들이 정말로 읽고 싶은 것이 아닙니다. 정직하지 못해도 한 푼이라도 더 벌 수 있다면 어떤 타락이나 범죄도 마다하지 않는 문화 장사꾼들의 유혹 때문에 읽고 싶은 마음이 든 것입니다.

이 뻔뻔하고 거대한 악은 줄어들지도 않습니다. 줄어들기는커녕 세계 도처로 맹렬하게 퍼져나가고 있습니다. 현대 산

---

[9] 리처드 호가트Richard Hoggart는 영국의 사회학자이자 영문학자로 버밍엄 대학에서 교수직을 역임했다. 대표 저서인 『리터러시의 이용』(1957)은 진정성 있는 '대중문화 popular culture'가 문화 산업계에 의해 대량소비에 토대를 둔 '군중문화mass culture'로 대체되는 현대문화의 상품화 현상에 대한 비판을 담고 있다.

업시스템에는 성장을 갈망하는 붙박이 장치가 내장되어 있습니다. 산업시스템은 계속 성장하지 않으면 실제로 작동될 수 없습니다. '안정'이라는 단어는 산업시스템의 사전에서 쫓겨나고 그 자리에 '정체停滯'란 단어가 대신 들어왔습니다. 무슨 특별한 목표나 목적을 가지고 성장을 추구하는 것도 아닙니다. 그저 성장을 위한 성장을 계속할 뿐입니다. 최종 모습에 대해서는 아무도 묻지 않습니다. 이제 그만 됐다는 '포화 지점'도 없습니다. 그러면 누가 이것을 조율할까요? 근본적으로는 기술자들이 조율을 합니다. 기술적으로 가능하다면 어느 정도의 경제적 범위 내에서는 무엇이든 시도되어야 하고, 여기에 사회는 적응해야 합니다. 그런 기술이 과연 좋은 것인가라는 문제는 그 누구도 무엇이 좋고 나쁜지, 유익하고 무익한지, 또 가치가 있고 없는지 알 수 없다는 식의 그럴싸한 주장 속에 묻혀 버리고 맙니다.

A. 힐 교수는 『과학의 윤리적 딜레마』에서 "과학과 기술의 진보만으로 인간을 둘러싼 모든 문제를 해결할 수 있다고 상상하는 것은 그야말로 마법을 믿는 짓이다. 그것도 인간 정신에 어떤 안식처도 주지 못하는 보잘것없는 마법을 믿는 짓"이라고 말했습니다. 여기서 강조하고 싶은 것은 현대 산업시스템이 실제로 이런 짓을 하고 있으며, 그것도 아주 효율적으로 인간 정신의 안식처를 빼앗고 있다는 점입니다. 산

업사회의 명장들은 기계와 접촉을 너무 많이 하다보니 경제발전을 절대 변경할 수 없는 기계적인 것으로 확신합니다. 그래서 차라리 무질서에 빠질지언정 어떤 식으로든 가치 판단이 개입되어 경제성장이 중단되거나 수정되어서는 안 된다고 생각합니다.

이처럼 위세가 당당한 악에 맞서려면 비록 작은 선일지라도 어디에서 그 선을 찾을 수 있는지 물어야 합니다. 가라지가 온통 밀을 에워싸 모두 질식해버린 것은 아닐까요? 기독교인으로서 그런 식으로 생각하려는 유혹에 빠져서는 안 되겠지요. 신의 과업을 이룩하는 것이 바로 악마가 해야 할 일이자 역할이기 때문입니다. 여기에도 뭔가 그 나름의 선이 없다면 왜 그런 일이 생기도록 신께서 허락하시겠습니까?

그렇다고 해서 산업사회가 보여준 일시적인 외적 성과를 산업사회의 악과 함께 성장한 위대한 선이라고 말할 생각은 조금도 없습니다. 그렇게 말한다면 저는 "인간이 전 세계를 얻고도 영혼을 잃어버리게 된다면 무슨 소용이 있겠는가?"라는 『복음서』의 경고를 완전히 망각한 죄인이 될 것입니다. 『복음서』의 관점에서 보자면 산업사회의 이런 성과는 결국 값비싼 진주를 내던지고 얻은 것이기에 아무런 이득이 되지 않는다고 판단할 수밖에 없습니다. 우리가 찾아내야 할 선이 있다면 그것은 영적인 선입니다. 저는 이것을 찾기 어렵다고 보지 않습니다.

주지하다시피 정의와 자유가 무엇인지에 관한 기본 개념은 점차 퍼져 확립되고 있습니다. 약 300년 전에 프랑수아 로슈푸코 공작Duc de la Rochefoucauld이 "위선이란 악덕이 미덕에게 보내는 존경심이다"라고 말한 것처럼 심지어 매우 사악한 악인이라 할지라도 위선적으로나마 스스로를 정당화시켜야 합니다. 오늘날 독재자들이 자신을 모두 민주주의자로, 정복을 모두 해방으로, 독단적 행위를 모두 민중의 정의로 지칭하고 있다는 중요한 사실을 놓쳐서는 안 됩니다. 이와 같은 사실 자체가 이미 어둠에 대한 빛의 승리이며, 정치적 범죄를 죄다 마키아벨리 식으로 용인하는 차원에서 한 발짝 나아간 비약적인 발전입니다.

만약 삶이 '되기를 배우는 배움터', 즉 자아개발을 위한 학교라면 개인의 자유와 책임이라는 개념은 훨씬 더 굳건하게 확립되어야 합니다. 물론 선과 악은 함께 자라기도 하기에 이런 생각이 전 세계적으로 지배적인 사고가 되기를 바라는 것은 지나치게 유토피아적인 입장입니다. 그러나 관념의 차원에서는 자유가 무엇인지에 대한 개념이 더욱 확고해져 아무리 거대한 권력이라도 자유에 대한 이런 생각을 저지하려면 악을 동원해야 합니다. 노예제와 농노제, 그리고 자본가들의 착취가 최악을 기록했던 시대에는 민중이 스스로를 결코 자유롭고, 책임감 있는 개인으로 여기지 못했습니다. 하지만 오늘날에는 정치범수용소나 강제노역소에 있는 사람들조차 옛날과는 다른 식으로 생각합니다. 대부분의 공장 노동자들도 자유를 거의 누리지 못하거나 혹은 파괴적인 방향으로 쓸지라도, 자신에게는 자유가 있고 자유가 소중하다는 점을 의심하지는 않습니다. 이런 생각이 비록 죄가 된다 해도 오늘날 적어도 관념적으로는 자유에 대한 생각이 그 어느 때보다도 확고하게 수립되어 있습니다. 객관적 사실보다 더 중요한 것이 바로 생각입니다. 불과 얼마 전까지만 해도 식민주의나 제국주의, 주인이나 하인과 같은 개념이 그럴듯한 것으로 의심없이 받아들여졌지만 이제 더는 용인되지 않습니다. 자유를 어떻게 실현할 것인지, 개인의 위엄과 자결권을 어떻게 확보할 것인지에 대해서는 여전히 논란이 분분하지만 자유라는 개념 자체에 대해서는 이제 논쟁하지 않습니다.

현대의 산업시스템을 들여다보면 이 점을 더욱 분명히 알 수 있습니다. 산업체제는 매우 권위적이며, 단위규모가 커지면 커질수록 더욱 더 권위적이 됩니다. 그러나 주인이나 하인과 같은 옛날식의 호칭은 이제 산업체제의 권위주의에 없습니다. 이 시스템에서 주인이란 양심이 불량한 권위주의자들이고, 하인은 마지못해, 혹은 그렇게 해야 할 때만 주인을 받아들입니다. 이제 사회 도처에서 기업의 사회적 의무에 대한 토론이 나오기 시작합니다. 주주에게뿐만 아니라 고용자와 고객, 그리고 지역사회 전체에도 기업이 져야 할 책임이 있다는 점을 깨닫게 되었습니다. 영국의 경우 공공부문이 상당히 건재하여 모두에게 정의를 구현하고자 노력해왔고, 이를 이룩하기 위한 제도적 방법들을 마련했습니다. 거기에 주주란 따로 없으며, 고용자들은 공동협의체를 통해, 고객들은 고객협의체를 통해, 그리고 지역사회는 의회나 주무 장관을 통해 기업에 사회적 '책임'을 요구합니다.

협의체들이 비민주적 기업보다 잘 운영되느냐 아니냐는 결정적으로 중요한 게 아닙니다. 이런 협의체들은 기업보다 낫습니다. 왜냐하면 제 아무리 성공을 가져다준다 해도 획득 본능만을 쫓아 돌아가는 이윤생산기계보다 훨씬 삶의 의미와 조화를 이루기 때문입니다.

다시 삶은 배움터라는 관점으로 돌아가 봅시다. 학교에서도 고학년이 되면 과제와 시험이 더욱 어려워집니다. 위대한 교장 선생님인 하느님께서 내신 문제도 더욱 의미가 깊어지고 핵심에 다가가게 됩니다. 현대 산업은 인류 역사상 전례가 없는 안락을 만들어낸 반면, 일상의 노동이 수행했던 진정한 교육적 기능을 파괴함으로써 분명 가장 난해한 시험문제를 우리 앞에 던져놓았습니다. 산업사회의 압도적인 유혹

앞에서도 우리가 영적 통찰력을 잃지 않을 방법은 무엇인가가 시험문제입니다. 많은 사람들이 - 설령 소수라 할지라도 - 이 과제에 매달려 있습니다.

양극화는 우리 시대에 이르러 더욱 벌어져 상당한 크기의 회색지대가 매우 검은 쪽과 매우 흰 쪽으로 나뉘지고 있습니다. 주지하다시피 이런 양극화는 미국에서 가장 빠르게 진행되고 있습니다. 언제나 사악한 악은 양극화에서 나옵니다. 유럽에 사는 우리도 이런 악을 따라하고 받아들이려고 굉장히 애를 씁니다. 하지만 여기서 과오를 범하지 맙시다. 유럽보다는 요동을 치는 미국 사회에서 실제로 좀 더 알기 쉬운 선을 찾으려는 커다란 움직임과 의식적인 노력이 일어나고 있으니까요.

현실적인 관점에서 말하자면 산업사회는 앞으로 급격히 바뀌지 않는 한 파국으로 치닫게 된다고 봅니다. 지금 산업사회는 끝없는 성장을 목표로 추구하기에 파국이 멀지 않았습니다. 여기서 파국이란 말은 『복음서』의 관점에서 볼 때 산업사회가 추구하는 끝없는 성장이라는 목표에 실패하게 된다는 의미가 아닙니다. 오히려 많은 사람들이 개별적으로는 이 괴물 같은 개발이 던진 엄청난 시험문제를 모두 잘 풀어 승자로 부상하게 될 것이기에 파국이란 말을 썼습니다. 타락하지도 않은 채, 따라서 타락할 수도 없는 상태로 승자가 되는 것입니다. 이 점이 바로 진짜 문제입니다.

이 말은 이렇게 실패한 세상으로부터 우리가 손을 뗄 수 있다는 뜻이 아닙니다. 아무리 불리해도 한 순간도 멈추지 않고 악과 싸워 세상을 바로잡으려는 사람만이 이길 수 있습니다. "불행하여라, 남을 죄짓게 하는 일이 많은 이 세상! 사실 남을 죄짓게 하는 일은 일어나기 마련이다. 그러나 불행하여라, 남을 죄짓게 하는 일을 하는 사람!"이라는 말씀이 있습니다(「마태복음」 18:7). 누구든 "자기는 손을 떼겠다"는 자는 성경에서 말하는 죄악을 불러오는 자입니다.

왜 산업사회는 실패해야 할까요? 왜 산업사회가 낳은 사악한 정신이 산업사회를 실패로 이끌게 될까요? 대단히 실제적인 관점에서 보자면 다음과 같이 대답할 수 있습니다.

1. 산업사회에서는 세계 인구가 분명히 자급의 수단을 넘어 불가항력적으로 늘어나게 되기에 유기적 관계들이 붕괴되고, 계속해서 붕괴될 수밖에 없습니다.
2. 산업사회에서는 독성을 확산시키거나 식품에 불순물을 섞는 식으로 자급수단 자체가 위협받기에 다른 유기적 관계도 붕괴하게 됩니다.
3. 산업사회에서는 연료와 금속처럼 재생 불가능하고 희소한 광물자원들이 빠르게 고갈됩니다.

4. 산업사회에서는 삶의 방식은 더욱 고도로 복잡해지는 데 비해 이런 방식을 매끄럽게 잘 유지하기 위해 그 어느 때보다 필요한 인간의 도덕적·지적 능력은 오히려 저하됩니다.
5. 산업사회에서는 자연에 폭력을 가하게 됩니다. 자연에 대한 폭력은 언제든지 동료 인간에 대한 폭력으로 바뀔 수 있습니다. 누군가는 무기를 갖고 다른 사람들에게는 생존의 조건으로 비폭력을 강요합니다.

산업사회의 생사가 걸린 문제들이 정치개혁이나 경제개혁, 혹은 과학기술의 발전으로 해결된다고 더는 믿을 수 없습니다. 이 문제들은 우리 각자의 마음과 영혼 깊이 놓여 있습니다. 그러므로 드러나지 않게 내밀한 개혁이 일어나야 할 곳은 바로 우리의 마음과 영혼입니다. 마음속 깊이 들어가 비폭력을 찾아야 합니다. "폭탄을 금지하는"것은 옳을 수도, 옳지 않을 수도 있습니다. 그보다 더 중요한 것은 폭탄이 만들어질 뿌리를 없애는 일입니다. 신의 공예품을 존경이 아닌 폭력으로 대하는 태도가 바로 이런 뿌리입니다. 이와 같은 폭력의 명백한 증거는 모든 폭탄의 어머니라고 할 만큼 추악한 산업사회의 모습에서 찾을 수 있습니다. "행복하여라, 온유한 사람들! 그들은 땅을 차지할 것이다. 행복하여라, 평화를 이루는 사람들! 그들은 하느님의 자녀라 불릴 것이다"(「마태복음」). 이 난국에서 우리 각자가 무엇을 할 수 있을지 알려달라고 하시겠지요.

로마제국이 멸망할 때 기독교인들은 무엇을 했습니까? 그들은 도망치지 않았습니다. 종말이 명백한데도 즐거이 일하러 갔습니다. 단번에 부자가 되는 것을 그 어느 때보다 강렬하게 우상처럼 떠받드는 현상은 산업체제의 타락을 보여주지만 동시에 도처에서 어둠 속으로 빛이 들어갈 수 있는 기회도 줍니다. 어디에서나 자유, 책임, 인간 존엄성의 가치를 공공연하게 지지합니다. 이런 가치를 무시해야 좀 더 부드럽고 효율적으로 거대한 기계가 돌아가게 될 산업분야에서조차 지지를 받습니다. 누군가를 성나게 하지 않고는 이런 가치를 옹호할 수 없을지도 모릅니다. 만약 젊은이에게 네가 하는 일보다 너 자신이 더 고결하다고 말한다면 효율성만 따지는 전문가들에게는 태업행위를 부추기는 말처럼 들릴 것입니다. 나아가 천연자원을 무분별하게 낭비하는 것은 일종의 범죄라고 말한다면, 소비를 최대한 많이 하는 것을 인간이 살아가는 동안 추구해야 할 유일한 미덕으로 보는 사람들에게는 그다지 협조적인 말로 들리지 않을 것입니다.

중요한 것은 각자가 사례를 만들어내는 것입니다. 우리가 할 수 있는 가장 위대한 '행동'은 우리가 처한 상황을 올바로 이해할 수 있는 능력을 키우고, 이런 이해를 바탕으로 각자의 마음속에서 확신과 결심, 남을 설득할 수 있는 능력을 쌓아가는 일입니다. 『복음서』의 관점으로 현대 산업사회를 보는 것이 요즘 사람들에게는 유행이 지난 말처럼 들릴 것입니다. 또한 여기서 제가 내리고 있는 진단도 대다수 사람들에게는 지금으로서는 받아들이기 어려울 것입니다. 그런데도 '행동'을 요구하는 게 무슨 소용이 있을까요? 문제를 이해한 사람들은 무엇을 해야 할지 압니다. 그리고 혼자가 아니라는 것을 압니다.

# 3

# 거대기술의
# 노예가 되어

나는 아무 의미도 없는
치열한 경쟁에 뛰어들고 싶지 않다.
나는 바보나 로봇, 통근자로 살고 싶지 않다.
나는 누군가의 일부로 살고 싶지 않다.

기술의 변화가 정치적 중요성을 갖는다는 점을 부인할 사람은 없습니다. 하지만 마찬가지로 넓게 보자면 지금의 '체제'는 기술의 산물이며, 기술이 변하지 않는 이상 이 체제가 바뀔 리 없다는 것을 인식하는 사람도 없습니다.

아마도 이런 질문이 나올 것입니다. 현대기술은 어떻게 태어났는가? 여기에 대해 여러 답변이 가능합니다. 르네상스 시대로 돌아가거나, 더 멀리 '유명론nominalism'이 부상하던 중세로 돌아가 종교, 과학, 자연, 사회를 대하는 서구인들의 태도가 이때부터 상당히 달라졌음을 지적할 수 있습니다. 이런 변화가 현대기술의 발전에 분명히 지적 동력이 되었을 것입니다. 마르크스와 엥겔스는 좀 더 직접적인 원인으로 부르주아 계급의 부상을 듭니다. "생산수단을 소유하여 임금노동자들을 고용하는 근대 부르주아 계급"의 세력이 커지면서 기술이 발전되었다고 봅니다.

> 부르주아 계급이 주도권을 잡은 곳이면 어디든 봉건적, 가부장적, 목가적 관계들이 모두 끝장났다. 부르주아 계급은 인간을 자신보다 '태생적으로 신분이 높은 사람들'과 묶어주던 갖가지 봉건적 결속을 무자비하게 찢어버림으로써 인간과 인간 사이에 적나라한 이해관계와 냉담한 '현금지불' 외에 다른 어떤 결속도 남겨 놓지 않았다. 부르주아 계급은 소멸하지 않으려면 모든 국가가 부르주아적 생산방식을 채택해야 한다고 강요했다. 부르주아 계급은 시골을 도시의 규율에 굴복시켰다. 거대한 도시가 생겨났고, …… 인구집중과 생산수단의 중앙집중화가 일어났으며 부는 소수의 손에 집중되었다.

부르주아 계급이 이 모든 것을 다 했다면, 어떻게 할 수 있었을까요? 의심할 바 없이 정답은 현대기술이 태어났기 때문입니다. 기술 발전이 어느 정도 궤도에 오르면 그다음부터 기술은 개발한 사람의 의도와 상관없이 기술 자체가 지닌 추진력으로 발전하게 됩니다. 부적절한 시스템은 비효율성과 기술적 실패를 야기하기에 기술 발전에는 적절한 시스템이 필요합니다. 누가, 어떤 목적으로 현대기술을 개발했던 간에 현대기술, 마르크스적 용어로 말하자면 이런 생산방식은 이제 여기에 잘 맞는 적절한 시스템을 요구하게 되었습니다.

지금 현대 산업사회는 의심할 나위 없이 위기에 처해 있습니다. 그렇다면 틀림없이 무언가가 서로 잘 맞지 않는 것입니다. 만약 기술은 놀라운데도 전반적으로 잘 돌아가지 않는다면 '시스템'이 안 맞는 것일 수 있습니다. 또는 기술 자체가 인간 본성과 지금의 현실에 잘 맞지 않는 것일 수도 있습니다.

두 가지 가운데 어느 쪽일까요? 이것은 매우 중요한 질문입니다. 여기에 대한 일반적인 가정은 기술은 아무 문제가 없거나 혹은 있더라도 당장 바로잡을 수 있지만 '시스템'이 결함투성이어서 여기에 대처할 수 없다고 합니다.

> 생산, 교환, 소유 관계에서 그토록 거대한 생산수단과 교환수단을 고안해낸 현대 부르주아 사회는 마치 마법으로 불러낸 지옥의 힘을 더는 스스로 통제할 수 없게 된 마술사와도 같다. ……
> 부르주아적 관계들은 너무도 협소해서 자신이 생산한 부를 다 소화할 수 없다. 그렇다면 부르주아 계급은 이 위기를 어떻게 극복하는가? 한편으로는 생산력을 강제로 대량 파괴함으로써, 또 다른 한편으로는 새로운 시장을 정복하고 기존 시장을 더욱 철저히 착취함으로써 위기를 극복한다. 다시 말하자면 더 광범위하고 더 파괴적인 위기로 몰고 갈 길을 닦음으로써, 그리고 이 위기를 막을 모든 방법을 없애버림으로써 위기를 극복하는 것이다.
> 마르크스·엥겔스, 『공산당 선언』, 1848

그러니까 주범은 자본주의 체제, 이윤 체제, 시장 체제와 같은 '시스템'이거나 아니면 국유화, 관료주의, 민주주의, 정책이나 무능한 경영자들이라는 겁니다. 간단히 말해 기관차는 완벽한데 철로가 불량하거나, 기관사가 무능하거나, 아니면 승객이 우매하고 제멋대로라는 이야기입니다. 아마도 우리에게 그렇게 멋진 기관차가 없다는 점만 제외하면 모두 맞는 말일지도 모릅니다. 아마도 가장 틀린 말은 기술이라는 매우 튼튼한 동력기관이 계속해서 있었다는 생각입니다.

만일 자본주의 체제가 기술을 만들어냈다면 이 기술이 소수를 위해 다수를 희생하고 착취하고, 계급 지향적이며 비민주적이고 비인간적이며 나아가 반생태적이고 자연을 파괴하는 기술이라는 징표를 태어날 때부터 달고 나왔을 리 없습니다.

저로서는 사회주의자나 마르크스주의자로 자칭하는 사람들조차도 기술을 자연법칙의 하나인 양 무비판적으로 받아들이는 고분고분한 태도에 놀라지 않을 수 없습니다. 가령 이런 '고분고분한' 태도는 이란 수상이 최근에 했던 인터뷰 기사에서도 찾아볼 수 있습니다.

> 이란은 산업화를 추진하면서 서구의 몇 가지 측면은 피하고 싶다. 우리가 바라는 것은 오직 서구의 기술이지 이데올로기가 아니다. 서구의 이데올로기가 이란에 이식되는 것은 피하고 싶다.
> 『투더포인트 인터내셔널』, 1976. 1. 1

이 말은 이데올로기의 이식 없이 기술 이전이 가능하다는 것을 전제로 하고 있습니다. 즉 기술은 중립적이어서 이념을 따지지 않기에 기술 안에 담긴 소프트웨어는 빼고 가져와도 하드웨어를 계속 작동시킬 수 있다는 생각입니다. 마치 부화시킬 달걀은 수입하고 싶은데 달걀에서 병아리가 아닌 쥐나 캥거루를 얻고 싶다는 말과 무엇이 다르겠습니까?

물론 이런 사례를 부풀리고 싶진 않습니다. 세상에는 반드시 명확한 것만 있는 것이 아니며, 같은 피아노로도 서로 다른 곡을 연주할 수 있습니다. 하지만 어떤 곡을 연주하든 피아노곡인 것은 분명합니다. 저는 마르크스가 던진 수사적 물음이 아직도 의미가 있다는 점에 동의합니다.

> 인간이 지닌 사고, 시각, 관념, 한마디로 인간의 의식이 사회적 관계와 사회적 삶의 물리적 존재조건의 변화에 따라 달라질 수 있다는 것이(물론 마르크스는 완전히 결정적이라고는 하지 않았습니다) 무슨 심오한 직관력이 있어야만 이해할 수 있는 문제인가?

'생산방식'이 '생활수준'이 아니라 인간의 삶에 끼치는 영향력을 간과하거나 과소평가하는 것은 중대한 실수입니다.

인간이 무엇을 생산하고 어떻게 생산하는가.
인간이 어디서 일하고, 어디서 살며, 누구를 만나는가.

인간이 어떻게 휴식하거나, 어떻게 '재충전'하는가, 즉 무엇을 먹고 어떤 공기를 마시며 무엇을 보는가.
그리하여 인간은 무엇을 생각하는가, 자유인가 의존인가.

애덤 스미스는 '생산방식'이 노동자에게 끼치는 영향에 대해 어떤 환상도 없었습니다.

> 인간의 이해력은 많은 부분 필연적으로 일상적 고용상태에 의해 형성된다. 몇 가지 단순한 작업을 수행하는데 평생을 바친 사람은 자신의 이해력을 발휘해볼 계기를 가질 수 없다. …… 따라서 이런 사람은 이해력을 발휘하는 습관을 자연스럽게 상실하게 되어 점차 어리석고도 무지한 인간으로 갈 데까지 가게 된다. …… 그런데 사회가 발전하고 문명화된 경우 정부가 이를 막기 위해 남다른 노력을 기울이지 않는 한 근로빈곤층, 다시 말해 국민의 대다수는 필연적으로 이와 같은 어리석은 상태로 떨어지게 된다.

마르크스는 이렇게 말했습니다. "신체와 정신의 불구는 대체로 노동분업과 불가분의 관계가 있다. 실제로 제조업은 상황을 더욱 악화시키고, 특유의 분업방식으로 뿌리에서부터 개인의 삶을 공격함으로써 역사상 처음으로 산업병리학이 시작되는 물적 토대를 만들어 주었다." 여기서 마르크스는 동시대인이었던 데이비드 우크하르트 D. Urquhart의 "노동을 더욱 세분하게 분업하는 것은 국민을 죽이는 짓이다"라는

말을 인용합니다.[10]

아직도 사람들은 기술이 문제가 아니라 '체제'가 문제라고 합니다. 어쩌면 어떤 특별한 '체제'가 이런 기술을 낳았는지도 모르지요. 그러나 지금 우리가 가지고 있는 이 체제야말로 명백히 기술의 필연적 산물입니다. 서로 다른 '체제'라도 같은 기술을 도입하면 체제가 같은 방식으로 작동하게 되어 결국 두 사회는 서로 비슷하게 되는 경우는 수도 없이 많습니다. 사무실이나 공장에서 아무 생각 없이 일하는 방식은 어느 체제에서건 아무 생각 없이 일하게 합니다.

따라서 더 나은 사회, 더 나은 체제를 만들려고 노력한다면 법, 규칙, 협약, 세금, 복지, 교육, 건강 서비스와 같은 '상부구조'를 바꾸는 노력에만 머물러서는 안 됩니다. 이 경우 더 나은 사회를 만드는 데 드는 비용은 밑 빠진 독에 물 붓기가 될 수 있습니다. 기술이라는 토대가 바뀌지 않는 한, 상부구조에서의 진정한 변화는 불가능합니다.

사람들은 저에게 이렇게 말합니다. 당신이 말하는 중간기술로 나아가기 이전에 먼저 체제부터 바꾸자, 자본주의와 이윤추구 동기를 없애자, 다국적 기업을 해체하고 관료주의를 폐지하자, 교육을 개혁하자고 합니다. 저는 이렇게 대답합니다

---

10 마르크스의 『자본론』 1권 1부에 나오는 것으로 우크하르트의 말을 각주에서 인용하고 있다.

다. 이 체제를 바꿀 방법은 약자들이 자기 힘으로 생산함으로써 지금보다 더 자립할 수 있도록 도와줄 새로운 형태의 기술을 도입하는 것보다 더 좋은 방법은 없다고 말이지요.
더 나은 방법이 있습니까? 있으면 그 방법으로 합시다. 국유화, 복지, 세금 재분배를 더욱 늘리면 될까요? 지방정부를 개혁할까요? 정치 대표를 바꾸고, 정책을 바꾸면 될까요? 물론 이 모든 것은 그 나름대로 중요하며 그런 일은 많이 해왔습니다. 더 많이 바꿀수록 더 나빠지지 않는 한 나머지는 모두 그대로입니다.
18세기와 19세기 동안에 기술은 빠르게 성장했습니다. 그러다가 점차 기술은 과학을 능가하게 되었습니다. 오늘날 과학은 기술에서 나온 주요 파생물에 지나지 않으며 실제로 기술적 성과에 따라 과학적 가치가 정해집니다.
그렇다면 과학으로 질문을 시작해봅시다. 이런 질문이 떠오릅니다. 과학의 향방을 결정하는 것은 무엇일까요? 연구해 볼 수 있는 과제는 당장 이 순간보다는 과거를 통틀어 할 수 있는 게 항상 더 많이 있었습니다.
그러니 선택이 필요했겠죠? 어떤 식으로 선택했을까요?
과학자의 관심에 따라 결정할까요? 당연히 그렇습니다.
거대 기업과 정부의 관심에 따라 결정할까요? 물론 그렇습니다.

'보통사람들'의 관심에 따라 결정할까요?

거의 그렇지 않습니다! 보통사람들이 바라는 것은 상당히 단순해서 과학을 더 끌어들일 필요가 없습니다. 실제로 보통사람들에게는 전적으로 다른 식의 과학이 좀 더 도움이 되겠지만 이것은 별도의 다른 주제입니다.

과학에서 기술로 논의를 옮겨봐도 연구해볼 수 있는 과제는 당장 이 순간보다는 과거를 통틀어 할 수 있는 게 항상 더 많이 있습니다. 그러니 무한정 선택할 수 있습니다. 누가, 혹은 무엇이 기술을 결정할까요? 과학적 발견은 수많은 기술을 위해 쓰이거나 기술을 통해서 구체화될 수 있지만, 새로운 기술은 부와 권력을 가진 사람들이 뒤를 밀어줄 때만 개발될 수 있습니다.

다시 말하자면 새로운 기술은 기술을 낳아준 체제의 모습을 갖고 태어나고 다시 체제를 굳건하게 만듭니다. 만약 사유건 공유건 간에 대기업이 지배하는 체제라면 어떤 식으로든 새로운 기술도 '거대해질' 가능성이 커집니다. 대기업은 고도의 전문인력과 천문학적 비용을 들여 '어마어마한 돌파구'로서 거대 기술을 만들고 설령 폭력적인 결과가 나타나더라도 "우리는 거기에 대처할 방법까지 알아내게 될 것이다"라며 거대 기술이 사회에 엄청난 영향력을 끼칠 수 있다고 약속합니다. 이때 슬로건은 "오늘의 돌파구가 내일의 위기를 막아준다"입니다. 우리 귀에는 '백열 기술혁명'[11], 핵 시대, 자동화 시대, 우주 시대, 놀라운 공학적 위업, 초음속의 승리 등과 같은 말도 들립니다. 하지만 대다수의 보통사람들에게 가장 필요한 주거와 같은 기본 욕구에 대해서는 안중에도 없습니다.

가장 많이 거론되는 사례는 세계에서 가장 선진국이라는 미국입니다. 미국의 1인당 평균소득은 영국이나 서유럽보다 두 배나 많지만 미국인들은 유럽보다 훨씬 더 비참한 빈곤에 시달립니다. 세계 인구의 5내지 6퍼센트에 지나지 않는 미국인들이 전 세계 천연자원 생산량의 35퍼센트를 사용하고 있지만 사람들은 전혀 행복하지 않습니다. 막대한 부는 특정한 곳에만 쌓여 있고 나머지 도처에 존재하는 극도의 불행, 비참, 절망, 투쟁, 범죄, 도피 등이 미국인의 몸과 마음을 갉아먹습니다. 여기서 벗어나기란 어렵습니다. 인류 역사상 가장 많은 자원과 가장 뛰어난 과학기술을 가진 나라에서 어떻게 이런 일이 있을 수 있을까요? 처음에는 거대 기업, 거대 정부, 거대 학계 같은 상부구조에 대해 문제를 제기하

---

[11] 영국의 정치가 해럴드 윌슨Harold Wilson의 용어. 그는 런던 정경대학에서 윌리엄 비버리지 수하에서 경제학을 수학한 뒤, 제2차 세계대전 이후 영국 노동당에 뛰어들어 복지정책과 국민의료보험 정책을 수립하는 데 큰 역할을 했다. 당시 노동당은 기술 혁명을 통한 발전을 추구하며 '영국의 현대화' 사업에 기치를 올렸는데 윌슨은 이것을 '백열 기술혁명white hot technological revolution'이라는 수사적 용어로 표현했다.

다가 결국은 이 모든 상부구조의 토대인 기술에 대해 의문을 갖기 시작했습니다.

기술평가단이 도처에서 생겨났습니다. 이들은 다음과 같은 세 가지 측면에서 기술 발전을 '평가'했습니다.

기술 발전이 자원사용의 측면에서 어떤 일을 하는가?
기술 발전이 환경에는 어떤 영향을 끼치는가?
기술 발전이 사회·정치적으로 타당한가?

이들의 조사에 의하면 콩코드 여객기는 잘한 게 없습니다. 콩코드는 희소한 자원을 낭비하고 자연환경에도 큰 부담을 지우고 심지어 위험하기도 해서 사회·정치적으로도 타당하지 않다는 결론이 나왔습니다. 그럼에도 이 여객기는 영불英佛 공학기술의 놀라운 성과로 묘사됩니다.

이제 사회구조에 끼친 현대기술의 영향력에 대해 생각해봅시다. 기술이 노동의 본성에 어떤 영향을 끼쳤는지는 이미 말씀드렸습니다. 저는 기술이 현대 사회에 끼친 가장 파괴적인 결과는 바로 이 점이라고 봅니다. 인간의 이해력을 파괴하는 것보다 더 심한 파괴가 어디 있겠습니까? 애덤 스미스가 살던 시대 이래로 이런 상황은 나아지지 않고 있습니다. 나아지기는커녕 대다수 사람들이 할 수 있는 창조적 노동이 무자비할 정도로 빠르게 소멸되고 있습니다.

현대기술이 인간의 정착형태에 끼친 영향은 무엇일까요? 이것은 매우 흥미로운 주제지만 아직까지 주목받지 못하고 있습니다. 유엔과 세계은행은 어느 규모 이상의 도시에 살고 있는 인구비율로 세계 여러 나라의 도시화 지수를 측정했습니다. 흥미로운 점은 이런 도시화 지수가 정작 중요한 문제를 놓치고 있다는 것입니다. 사실 중요한 것은 도시화의 비율이 아닌 도시화의 형태입니다. 인간답게 살기 위해서는 물론 도시도 필요하지만 농촌에서 나오는 식량이나 원자재도 필요합니다. 그래서 도시와 농촌 양쪽에 모두 쉽게 접근할 수 있어야 합니다. 농촌 지역과 가까운 인근지역에 도시가 있어서 사람들이 하루 동안에 서로 방문할 수 있는 형태가 도시화의 목표가 되어야 합니다. 그 밖의 다른 형태는 인간의 감각에 맞지 않습니다.

그러나 지난 몇 백 년간 이루어진 도시개발은 실제로는 정반대로 진행되었습니다. 농촌에서 도시로의 접근은 매우 심할 정도로 차단되었습니다. 이렇게 해서 흉물스럽고도 지극히 병적인 양극화 현상이 인간의 정착형태에서 나타나게 되었습니다. 프랑스의 도시 기획자들은 '파리가 사막으로 둘러싸이게' 되자 정부에 맞서 싸웠습니다. 미국에서는 중소규모의 지방도시에서 사람들이 빠져나가면서 만들어진 거대한 광역도시를 지칭하기 위해 '메갈로폴리스'라는 조어까지 나왔습니다. 보스턴에서 워싱턴 D. C.까지는 '보스워시Boswash', 시카고에서 피츠버그까지는 '시피츠Chicpitts', 샌프란시스코에서 샌디에이고까지는 '샌샌Sansan'이라고 부릅니다. 영국에서도 섬처럼 고립된 인구 고밀도 지역을 '메갈로폴리스'라고 부르는데, 이것은 인구밀도가 매우 낮은 반쪽과 인구밀도가 너무 빽빽한 반쪽으로 나눠져 극단적으로 치우친 정착형태를 말합니다.

여러분은 100년도 더 전에 사회주의자들이 한 요구를 기억하십니까?

> 제조업과 농업과의 결합, 국가 전체에 걸쳐 고르게 인구를 분산시킴으로써 도농都農간 간극을 점진적으로 제거해야 한다.
> 마르크스·엥겔스,『공산당 선언』, 1848

그렇다면 지난 100년간 어떻게 진행되었을까요? 물론 정반대로 진행되었습니다. 그렇다면 다음 사반세기 동안, 즉 20세기 말에는 어떻게 될까요? 앙갚음으로 다시 정반대로 갈 것입니다. 더는 도시화가 아닙니다. '메갈로폴리탄화'입니다. 현상에 맞게 용어도 무시무시한 메갈로폴리탄화는 주지하다시피 정치·사회·도덕·심리·경제 분야에서 도저히 해결할 수 없는 문제들을 만들어냅니다.

세계은행이 발행한 보고서는 다음과 같이 언급하고 있습니다.

> 개발도상국의 경우 도시 개선작업이 급속한 도시화의 속도와 재정부족과 인적자원의 부족으로 인해 지극히 낙담스러운 상태이다. 안타깝게도 도시의 행정당국은 이 문제를 다룰 역량이 없다. 앞으로 현재의 인구와 도시의 주심지역 인구를 합치면 20년 이내에 전체 인구의 3분의 1을 차지하게 될 것이다.

이 보고서는 "중소 규모의 도시를 서둘러 개발하고, 새로운 도시개발 지역을 만들어" 문제를 해결할 수 있다고 합니다. 하지만 이 제안은 뒤이은 설명으로 바로 그 가능성이 묵살되고 맙니다.

> 대부분의 소도시에는 교통이나 서비스와 같은 기본적인 사회기반시설이 부족하다. …… 운영진과 기술진들은 대도시에서 소도시로 이주하길 꺼린다.

대도시에 사는 운영진과 기술진들이 소도시로 이주하길 꺼린다! 이 말로 이야기의 전모를 알 수 있습니다. 즉 이 말은 오직 대도시에만 잘 맞도록 개발된 기술을 그대로 소도시에 가져오겠다는 발상입니다. 소도시에 사는 주민들은 이런 거대 기술을 다룰 수 없기에 운영진과 기술진을 '대도시'로부터 모셔와야 합니다. 하지만 이것은 경제적으로 타당하지 않기에 아무도 오려고 하지 않습니다. 거대 기술은 소도시에는 적당하지 않으며, 이런 기획은 경제성이 없다는 뜻입니다. 제 이름 덕분에[12] 저는 훌륭한 제화공이 되려면 구두에 대해서만 많이 안다고 되는 것이 아니라는 걸 쉽게 이해할 수 있습니다. 발에 대해서도 잘 알아야 합니다. 큰 발에 맞게 제조된 신발이 작은 발에도 잘 맞을 수는 없습니다. 발이 작으면 큰 발보다 못한 신발이 아니라 치수가 맞는 신발이 필요합니다. 일반적으로 현대기술은 발이 큰 사람에게만 맞는 좋은 신발을 만듭니다. 현대기술은 대량생산을 촉진하며 고도로 복잡하고 대자본이 듭니다. 이 기술은 대도시나 메갈로폴리스에만 잘 들어맞을 뿐 다른 곳에는 맞지 않습니다.

이 문제를 간단히 해결할 방법이 대다수 사람들에겐 떠오르지 않았습니다. 저는 우리가 가진 지능과 자원을 조금 동원하여 좀 더 작은 규모에도 잘 맞는 기술만 만들면 해결될 수 있다고 봅니다.

믿기 어려울 만큼 엄청난 돈이 메갈로폴리탄 지역이 무자비하게 뻗어나가는 것을 막고 '개발 지역'에 새로운 생명력을 불어넣는데 사용됩니다. 하지만 얼마 되지 않는 적은 돈으로 개발 지역의 조건에 잘 맞는 기술을 개발하자고 말하면 당장

---

12 '슈마허'는 독일어로 제화공이라는 뜻.

석기시대로 돌아가자는 것이냐라는 식의 비난이 나옵니다. 그러나 한 가지는 자신 있게 주장할 수 있습니다. 효율적인 생산에 적합한 기술이 광역도시 바깥에서 만들어지지 않는다면 '메갈로폴리탄화'는 사회·정치·도덕·환경·자원 분야에서 계속해서 파괴적인 결과를 낳을 것입니다. 지금까지 현대기술이 노동의 본질과 인간의 정착형태에 끼친 영향을 살펴보았습니다.

세 번째는 정치적인 측면에서 인간의 자유에 끼친 기술의 영향력을 살펴봅시다. 이것은 분명 까다로운 주제입니다. 먼저 자유란 무엇일까요? 철학적 논고를 길게 펼칠 것 없이 도전적인 젊은이들에게 먼저 그들이 무엇을 찾고 있는지 물어봅시다.

젊은이들이 거부하는 것은 이런 것들입니다.

나는 아무 의미도 없는 치열한 경쟁에 뛰어들고 싶지 않다.
나는 기계와 관료제의 노예가 되어 권태롭고 추악하게 살고 싶지 않다.
나는 바보나 로봇, 통근자로 살고 싶지 않다.
나는 누군가의 일부분으로 살고 싶지 않다.

반면 젊은이들이 갈망하는 것은 이런 것들입니다.

나는 내 일을 하고 싶다.
나는 좀 더 소박하게 살고 싶다.
나는 가면이 아니라 진짜 인간을 상대하고 싶다.
내겐 사람, 자연, 아름답고 전일적인 세상이 중요하다.
나는 누군가를 돌볼 수 있는 사람이 되고 싶다.

이 모든 것을 저는 자유를 향한 갈망이라고 부르겠습니다. 어떻게 해서 우리는 그렇게 많던 자유를 잃어버리게 되었을까요? 잃은 게 없다고 말하는 사람들도 있습니다. 그러면서도 더 많은 자유를 원합니다. 어느 쪽이든 간에, 인간에게 가장 소중한 자유에도 수요와 공급의 격차가 있습니다. 기술은 인간의 자유와 어떤 연관이 있을까요? 물론 조직의 규모와 복잡성은 자유와 연관이 있습니다. 지난 수백 년간 왜 더욱 더 규모를 키우려는 흐름이 생겼을까요? 일부 편집증적인 거인들을 제외하고 큰 것을 좋아할 사람은 아무도 없습니다. 그런데도 왜 그런 흐름이 생겼을까요? 대답은 단 하나뿐입니다. 기술의 진보 때문입니다.

# 4

# 복잡하게 만드는 바보
# 단순하게 만드는 천재

복잡한 기기를 더욱 복잡하게
만드는 데는 삼류 기술자면 됩니다.
하지만 간단한 원리로도
정상적으로 돌아가는 방식을 찾으려면
천재의 손길이 필요합니다.

이제 우리가 할 일은 기술을 버리는 것이 아니라 어디선가부터 잘못된 길로 들어섰다는 점을 깨닫는 것입니다. 헐값이던 화석연료 덕분에 기술은 네 가지 방향에서 잘못된 길로 섭어늘었습니다.

먼저, 모든 것이 점점 더 커지는 경향이 생겼습니다. 우리는 이런 특성을 '규모의 경제학'이라고 부릅니다. 물론 조직 단위에서도 그렇지만 순수 기술 분야에서도 단위가 점점 더 커지고 있습니다. 19세기에 벽돌산업의 정상적인 평균 규모는 일주일에 1만 개 정도의 벽돌을 생산하는 것이었습니다. 금세기에 들어서서는 10만 개였고, 오늘날 평균 규모는 일주일에 100만에서 200만 개 정도입니다. 이제 이란 국왕은 일주일에 500만 장의 벽돌을 생산하는 공장을 원합니다. 이것이 제가 말하는 '거대증'의 한 흐름입니다.

두 번째는 물건을 점점 더 복잡하게 만드는 흐름이 생겼습니다. 상당히 평범한 물건을 만드는 데도 놀라울 정도로 복잡하고 기발한 장비가 투입됩니다. 저는 보지 못했지만 가령 치약을 구입해보면 이것을 실감할 수 있다고 합니다. 어떤 치약은 짜보면 세 가지의 서로 다른 화려한 색깔이 나온답니다. 세 가지 색깔은 뒤범벅으로 섞이지 않은 채 아주 교묘하게도 마치 세 가지 다른 색깔의 깃발처럼 나온다고 합니다. 언젠가 한번은 자동차로 여행을 한 적이 있었습니다. 이때 저 역시 품위 없이 손잡이를 이리저리 돌리지 않고도 창문을 올리고 내릴 수 있다는 사실에 철부지 소년마냥 즐거워했던 기억이 납니다. 하지만 물론 버튼은 눌러야 했습니다. 내린 창문을 다시 올리기 위해서도 버튼을 눌러야 했습니다.

왜 이렇게 복잡해야 할까요? 복잡성은 일종의 병입니다. 설령 비용이 문제가 안 되는 경우에도 대량생산기계로 물건을 생산하면 엄청난 비용이 드는 것을 피할 수 없습니다. 아시다시피 복잡한 물건일수록 고장이 쉽게 납니다. 그러면 어디로 가져가야 할까요? 너무 복잡해져서 자기 힘으로 고칠 수가 없습니다. 그래서 자동차 정비소로 가져가면 한동안 자동차를 탈 수 없는 것은 물론이고 수리비로도 150달러나 듭니다.

한번은 어느 겨울에 친구의 고급 벤츠를 타고 여행을 한 적이 있습니다. 그런데 전자장치에 결함이 생겨 창문이 모두 각각의 위치에서 멈춰버린 일이 생겼습니다. 친구는 정비소를 전전했지만 이 장치를 다룰 줄 아는 기술자가 없어서 겨울 내내 차가운 바람을 맞으며 운전을 해야 했습니다. 봄이 되어서야 정비 기술자를 찾아냈고, 300달러의 비용을 들여 창문을 고칠 수 있었습니다. 손잡이를 자동으로 바꾸는 게 이만한 대가를 지불할 만큼 가치 있는 기술일까요?

우스개처럼 말하지만 사실 인간에 의해 창조된 기술이 스스로 움직일 수 있는 힘을 갖게 되는 것은 끔찍한 문제입니다. 기술은 많은 사람들을 점점 더 복잡한 물건을 만들기 위해 종일 재잘거리며 밀치고 긁어모으기나 하는 한낱 앵무새로 만들어버립니다. 그러다가 콩코드 여객기나 핵 발전소와 같이 실제로 어떤 작업이 완성되고 나면 얼마나 무익한지 위험한지 상관없이 기술은 그 일을 운영할 일종의 마피아 집단을 만들어냅니다.

세 번째 흐름은 앞선 두 가지와 연결됩니다. 생산에 드는 자본비용이 점차 증가하면서 실제로 무슨 일을 하려면 그에 앞서 먼저 부자거나 세력가가 되어야 합니다. 이것은 매우 심각한 문제입니다. 가령 으뜸의 사례는 아니어도 농업이 한

예가 될 수 있습니다. 만약 고도의 과학적·화학적 농법으로 경작되는 대규모 농지를 갖고 있다고 해봅시다. 그럴 경우 가족이 먹고살 정도의 농사만 짓는다 해도 농부는 그처럼 소박한 생활을 하기 위해서도 놀라울 정도로 부지런하고 유능하지 않으면 안 됩니다.

그런데도 점점 더 많은 자본이 있어야 농사가 가능한 반대 방향으로 연구가 진행됩니다. 기존의 기술로 농장을 운영하려면 영농기술이 믿을 만할지라도 너무 많은 자본이 들어가기 때문에 농장을 시작하기도 전에 먼저 부자부터 되어야 합니다. 따라서 여기서 소외되는 사람들은 더욱 늘어나게 됩니다. 가난한 나라의 경우 이런 일이 비일비재합니다. 물건을 만드는 데 너무 많은 자본이 들기 때문에 가난한 나라 사람들은 만들 수 있는 게 아무것도 없습니다.

중간기술은 자본이 많이 들지 않지만 아직도 쉽게 이용할 수 없는 상태여서 가난한 나라들은 여기서도 소외됩니다. 필요한 게 있으면 부자 나라에서 계속 사들이면 된다고 말합니다. 그러면 가난한 나라는 개발이 되면 될수록 실제로는 독립적이 되는 것이 아니라 부자 나라에 더욱 의존하게 됩니다.

기술 발전의 네 번째 흐름은 기술의 폭력성입니다. 폭력을 인간들 사이의 전쟁보다 더 넓은 개념으로 보면 생태주의자들의 주장대로 인간이 자연을 상대로 전쟁을 벌이는 폭력적인 태도가 계속 증가해왔다는 것을 알 수 있습니다. 과학은 무슨 짓이든 해도 좋다는 신념 아래 모든 생명체가 목숨을 부지하고 있는 지구의 저 얇은 표면에 독성물질을 마음대로 쏟아 부어도 된다는 생각이 더욱 커지고 있습니다. 만약 예상하지 못했던 부작용이 생기면 과학으로 처리할 수 있다고 믿습니다. 혹은 약으로 고칠 수 있다고 믿습니다. 이렇게 기술은 모든 곳에서 폭력성이 증가하는 오직 한 방향으로만 진행되어왔습니다.

저의 슬픈 가족사로 인해[13] 많은 사람들이 질병으로 인한 해보다는 빈번히 질병을 고치기 위해 사용한 치료제에서 더 많은 해를 입고 있으며, 여기서 입은 손상 정도는 많은 경우 전혀 회복될 수 없을 정도라는 것을 알고 있습니다. 반면에 예방약은 실제로 완전히 무시되는 실정입니다.

한번은 꽤 똑똑한 친구가 이렇게 물은 적이 있습니다. 만약 우리의 먼 조상이 지금 우리를 찾아온다면, 조상님은 어느 때보다 발달한 치과의사의 기술과 어느 때보다 썩은 우리의 치아 가운데 어느 쪽에 더 감탄하시겠는가? 그는 이 말에서 분명히 충치 때문에 우리가 치과의사의 기술에 감사해야 한

---

[13] 슈마허의 첫 번째 부인은 암으로 죽었고, 두 번째 부인도 암으로 투병생활을 했다.

다는 점을 말하고 있습니다. 이것은 서로 간에 상승효과가 있어서 치아가 썩으면 썩을수록 우리는 치과의사에게 좀 더 감사하게 됩니다. 이 문제를 비폭력적인 방식으로 해결하려면 왜 치아가 썩을까를 먼저 해결하는 데 우리의 모든 지능을 쏟아야 할 것입니다.

지난 수백 년간에 걸쳐 기술 발전이 점점 더 커지고, 더 복잡해지고, 더 자본집약적이며, 더 폭력적인 흐름으로 진행되었다는 것이 올바른 진단이라면 치료방법은 분명히 정반대 방향에서 찾아봐야 합니다. 그렇다고 반드시 과거로 거슬러 올라가 치료제를 찾을 필요는 없습니다. 왜냐하면 지난 100년간 물질에 관한 우리의 과학적 지식에도 상당한 진보가 있었기 때문입니다. 그래서 19세기만 해도 작은 규모로 쉽게 할 수 없었던 일들이 지금은 작은 규모로도 할 수 있게 되었습니다. 하지만 공학자들은 평생 반대 방향으로만 달리도록 교육받고 세뇌되어왔기에 이 점을 믿으려 하지 않습니다. 더 작게 만드는 것은 가능합니다. 물론 모든 물건을 다 그렇게 만들 수는 없지만 적어도 인간에게 필요한 기본물품들은 가능합니다.

둘째로 많은 물건이 더욱 간단한 방법으로 생산될 수 있습니다. 복잡한 기기를 더욱 복잡하게 만드는 데는 삼류 기술자면 됩니다. 하지만 상당히 간단한 기본 원리로도 정상적으로 돌아가는 방식을 찾으려면 천재의 손길이 필요합니다. 이 말은 우리의 선하신 하느님께서 세상을 아주 단순하게 만드셨다는 뜻이 아닙니다. 그렇게 만들지 않으셨죠. 하느님은 우리가 정신을 똑바로 차려야 할 만큼 아주 잘 만드셨습니다. 우리는 머리를 써야 합니다. 하지만 지금과 같은 식은 분명 아닙니다. 일단 일을 시작하려면 본질적인 것과 거의 암적인 성장에 가까운 것을 서로 구별할 줄 알아야 합니다. 이런 관점에서 현대의 기계장비들을 살펴보면 연장과 기계장비와의 차이를 알 수 있습니다. 물론 연장이란 인간의 창조력으로 만들어질 수 있는 가장 우수한 도구이며, 따라서 당연히 매우 단순합니다.

셋째로 거대한 자본이 필요한 기술은 보통사람들을 소외시키려는 원리에 충실하기 때문에 정의나 평등과는 전적으로 양립될 수 없다는 것을 깨닫게 되면 사람들은 물건을 좀 더 저렴하게 만들 수 있는 방법을 체계적으로 찾게 될 것입니다. 좀 전에 저는 남자들 마음속에 철부지 소년이 들어 있다고 했습니다. 그럼 여자들 마음속에는 철부지 소녀만이 아니라 철부지 소년도 있겠지요?

저는 연장만큼 아름다운 것은 없다고 생각합니다. 솔직히 저는 마음에 드는 연장을 볼 때마다 그걸 사봐야 쓸 시간이나 있겠냐고 스스로를 위로하며 사고 싶은 마음을 억제하곤 했습니다. 그러나 주변에 좋은 연장이 있다는 것은 기분 좋은 일입니다. 제 서재에는 항상 연장이 놓여 있습니다. 연장은 정말로 지적인 장비입니다. 하지만 기계는 어떨까요? 기계도 일종의 연장이긴 하지만 인간의 손으로 움직이는 연장은 아닙니다. 기계는 생각이 필요 없는 메커니즘으로 움직입니다. 기계의 메커니즘은 점점 더 커지고 복잡해지고 대량생산에 잘 맞도록 조정됩니다. 그러면 기계값이 더욱 비싸지지요.

헨리 포드는 자본금 3만 달러로 자동차 공장을 시작했습니다. 그런데 달러의 구매가치가 떨어져 3, 4, 5, 10만 달러로 자동차 생산 비용이 들었습니다. 10만 달러면 요즘같은 현대식 자동차의 경우 나사 모델 하나도 바꾸지 못합니다. 새로운 자동차 모델을 만드는 데 3억 달러가 들고 4년의 준비기간이 필요합니다. 누가 이런 공장을 감당할 수 있을까요? 저 같은 사람은 못합니다.

포드가 처음 자동차 공장을 시작했을 때는 휘발유 엔진보다 증기 엔진이 더 나은지 못한지 확실하지 않았습니다. 당시에 포드는 아주 적은 비용으로 최단기간에 어느 누구도 귀찮게 하지 않고 자동차의 휘발유 엔진을 증기 엔진으로 바꿀 수도 있었을 것입니다. 자동차 기술이 그런 방향으로 갔을 경우를 상상해볼 수 없을까요? 연장이라는 관점에서 좀 더 생각해보고 연장과 기계를 구별할 줄 알게 되었을까요? 사람들이 각자 자기 힘으로 생산할 수 있게 되어 정말로 독자생존이 가능하도록 도와줄 그런 설비를 만들 수는 없을까요?

넷째로 지금까지 폭력적인 방향으로 기술 발전이 진행되었다면 이제 비폭력적인 방향에서 살펴봅시다. 여기서 '비폭력'이란 자연체계를 강제로 거스르지 않고 생태적 원리들을 존중하면서 자연과 더불어 노동하는 생산양식을 말합니다. 의도하지 않는 손상과 예상하지 못한 부작용이 생길 경우 훨씬 더 폭력적인 기계장치를 동원해서는 문제가 해결될 수 없다고 확신합니다. 폭력적인 방식으로는 한 가지 문제가 '해결'된다 해도 그로 인해 더 많은 새로운 문제가 생겨납니다. 가난한 사회는 이런 폭력을 감당할 수 없고, 마찬가지로 부유한 사회(혹은 영역)라도 얼마나 오래 버틸 수 있을지 의심스럽습니다.

새로운 기술을 연구하고 개발하는 데 필요한 위의 네 가지 기준, 혹은 '지침'이 모든 사람에게 호소력을 갖는 것은 아닐 것입니다. 다만 중요한 것은 이 네 가지 지침은 단순한 이론 작업에서 나온 것이 아니라 실제 현실과 경험에서 나왔다는 것입니다. 제 경험으로 보자면 작고, 간단하고, 자본이 적게 들며, 비폭력적인 기술 혹은 이 가운데 어느 한 가지라도 갖춘 기술을 만들어낼 수 있으면 개인이건 공동체건 자기 힘으로 자립할 수 있는 새로운 가능성이 생기게 됩니다. 이런 기술은 보다 인간적이고 생태적이며, 화석연료에도 덜 의존하는 생활양식을 낳게 되고, 여기서 나온 생활양식은 거대하고 복잡하며 자본이 많이 들고 폭력적인 기술로 생긴 생활양식보다 인간이 지닌 현실적 욕구에 더 다가갈 수 있습니다. 위의 지침이나 기준이 마음에 안 든다면 다른 지침이라도 제시해야 합니다. 지침이 없으면 대안을 찾는 일을 시작할 수 없기 때문입니다.

지금 우리가 실제로 할 일은 바로 이것입니다. 이 작업은 체계적인 토대 위에서 서둘러 시작할수록 더 좋습니다. 다행스럽게도 많은 사람들이 벌써 시작하여 수년간 활발하게 일하고 있습니다. 지금 우리가 할 일은 비록 힘은 적지만 서로에게 배우며 서로의 경험을 통해 결실을 얻을 수 있도록 관계를 맺는 것입니다.

진정한 노동이라고 할 수 있는 비폭력적인 기술의 예를 들어보겠습니다. 저는 잠비아 대통령의 초청으로 집무실에서 그분을 직접 만난 적이 있습니다. 대통령은 각료들과 함께 앉아 있었는데, 손에는 종이 한 장이 들려 있었습니다. 그는 간단히 저를 각료들에게 소개하며 말했습니다. "제 손에 든 종이가 당신을 초청한 이유입니다. 무슨 일부터 해야 할까요? 나는 선거유세로 전국을 돌아다니며 5개년 개발계획에 대해 말했습니다. 국민들에게 이것이야말로 애지중지해야 할 '성서'라고 말했습니다." 그런 다음 대통령은 종이를 멀리 내던지며 말했습니다. "이제야 이것이 잘못된 성서라는 걸 깨달았습니다."

잠비아 대통령은 왜 5개년 개발계획이 잘못되었다고 했을까요? 개발계획에는 잠비아의 드넓은 농촌 지역은 완전히 빠지고 구리산출지대 인근 몇몇 도시와 수도인 루사카Lusaka만 들어가 있었기 때문입니다. 잠비아 정부는 특히 농촌 지역의 영양상태 개선에 큰 관심을 가지고 있었습니다. 비록 굶주릴 정도는 아니었지만 소위 '단백질 격차'로 영양실조가 만연했습니다. 이 격차를 메우기 위해 "모든 잠비아 국민들에게 하루에 달걀 한 알씩!"이라는 표어 아래 달걀 생산을 성공적으로 늘리게 되었습니다.

저는 당시 여러 양계농장을 방문했는데, 한번은 농부들이 오두막을 가득 채운 달걀을 앞에 놓고 우는 광경을 보게 되었습니다. "달걀을 어떻게 할 생각입니까? 혹시 부화할 생각입니까?"라는 질문에 농부들은 대답했습니다. "아뇨, 달걀을 시장에 내다 팔 포장 재료가 없어서 이러고 있습니다. 지금까지 남아프리카 공화국이나 영국, 미국에서 수입하던 포장용 달걀판이 끊겼습니다. 달걀을 어떻게 해야 할지 모르겠습니다. 호주머니에 넣어 시장으로 가져갈 수도 없고 어떻게 하지요? 달걀은 썩어가고 있는데 말이에요."

저는 평소처럼 침착하게 "그럼 잠비아에서 포장용 달걀판을 생산하면 되잖습니까?"라고 말했습니다. 물론 잠비아 사람들이나 저나 달걀판을 어떻게 만드는지 모릅니다. 런던으로 돌아온 뒤 조사를 해보았습니다. 조사결과 전 세계의 모든 포장용 달걀판이 다국적 기업 한 군데에서 생산된다는 것을 알아냈습니다. 우리는 해당 기업의 유럽지사와 연락을 취했는데, 회사 측은 "아무 문제 없습니다. 루사카에 공장을 세울 수 있습니다. 수요가 어느 정도입니까?"라고 물었습니다. "글쎄요, 대략 따져서 1년에 100만 개 정도입니다. 이제 막 개발이 시작되어 인구가 매우 적습니다"라고 답했습니다. 긴 침묵 뒤에 이런 답을 들었습니다. "없던 것으로 하죠. 가장 소형 기계도 한 달에 100만 개를 생산합니다. 달걀판을 구입해줄 범아프리카 공동시장이 형성되고, 루사카에서 아프리카 전 지역으로 물건을 실어 나를 고속도로가 건설된다면 모르겠지만요."

저는 이렇게 대답했습니다. "하지만 그건 상품을 수입하며 해외무역을 하자는 의미인데, 현지 사람들을 돕는 개발과는 정반대되는 일입니다. 왜 소규모 공장은 짓지 않습니까?" 그는 말했습니다. "소규모는 안됩니다. 작은 단위의 주문량이 많긴 합니다만 회사 기술자들이 전혀 경제성이 없다고 합니다."

그들과는 일을 같이 하기 힘들었습니다. 그래서 우리 단체에서 일하던 젊은이에게 두 가지 일을 맡겼습니다. 먼저 기존의 달걀판 디자인이 엉터리이니 다시 디자인하라는 것이었습니다. 다국적 기업은 사업은 크게 해도 훌륭한 디자이너는 없나 봅니다. 달걀판 하나를 다 채우고 나서 위에 하나를 더 얹으면 판이 찌그러졌습니다. 그래서 배에 선적하려면 나무상자가 있어야 했는데, 나무상자는 매우 비쌌습니다. 디자인 작업을 런던에 있는 왕립예술학교로 보낸 지 6주 만에 완벽한 디자인이 나왔습니다. 완전히 안정된 조립품이어서 달걀을 한 알도 깨뜨리지 않은 채 끈으로 묶은 상태로 바로 배에 선적할 수 있었습니다.

두 번째는 소규모 공장을 짓는 것이었는데 이 일은 좀 어려웠습니다. 이 작업은 영국의 레딩 대학교 기계공학과와 함께 했습니다. 여기서 우리는 첫 번째 원칙으로 돌아가 누구든지 쉽게 만들 수 있는 방식으로 하기로 했습니다. 설계 견본이 완성되고, 소규모 제작자도 찾아냈습니다. 이 공장에는 지금까지 가장 작은 공장에 들어간 가동력의 2퍼센트에 건설비용도 2퍼센트면 되었습니다. 정말 해볼 만했습니다.

다국적 기업은 어떤 반응을 보였을까요? 제 주위의 많은 젊은 친구들은 지금도 다국적 기업이라는 무시무시한 공룡을 두려워합니다. 그 다국적 기업 담당자는 얼마후 이렇게 말했습니다. "아시다시피 우리 기업의 야심은 달걀판 포장업계의 제왕이 되는 것입니다. 소규모 수요에 맞출 수 없다는 것을 인정합니다. 하지만 이렇게 서로 합의점을 찾으면 어떨까요?" 그들은 가령 어느 규모까지는 저희가 하고, 그 규모를 넘어서면 자기네가 하겠다고 말했습니다. 우리 같은 어린 왕자들이 달걀판 포장업계의 제왕으로서의 특권을 방해하지 않는 대가로 가장 까다로운 포장 공정 중의 하나인 달걀판 주조기술을 알려주겠다고 말했습니다. 이렇게 해서 고래와 새우 간의 건전한 협력관계가 체결되었습니다.

오늘은 하나의 사례만 들었지만 다른 사례도 많습니다. 꿈이라고 생각해서는 안 됩니다. 이것은 실제 일어난 일이며 앞으로도 가능한 일입니다. 저는 지금 인간이 달에 갈 수 있는 간단한 기술을 개발하자고 제안하는 것이 아닙니다. 우리 삶에 실제로 필요한 것은 모두 이와 같은 사례가 될 수 있다는 점을 경험을 통해 말씀드리는 겁니다.

인간을 달에 착륙시키려는 기술이 아니라면 손실도 그다지 크지 않을 것입니다. 저 역시 처음에는 달 탐사 계획에 호감을 가졌고, 관련된 사람들도 꽤 알고 있었습니다. 하지만 우주인들이 다시 지구로 돌아와야 한다고 생각하니 왜 하는지 잘 모르겠더군요.

앞선 사례들은 우리가 무엇을 할 수 있고, 지금 무엇을 해야 하는지 알려줍니다. 여기에는 체계적인 작업이 필요합니다. 부유한 사회에서 많은 인적자원을 가져와야 하는 것도 아닙니다. 예전과 마찬가지로 연구와 개발의 95퍼센트 정도는 각자 지금 하는 일에 쓰고, 나머지 5퍼센트 정도만 미래와 관련되는 일에 투자하면 됩니다. 5퍼센트로 낮춰서 말씀드렸지만 더 늘어난다면 좋겠지요. 단지 이 제안이 얼마나 소박한 것인지 알려드리는 것입니다. 하지만 소량인 경우가 보통 대량의 비율을 동원하는 것보다 더 어렵습니다.

설령 모든 일이 이론에서 비롯된다 하더라도 전부 다 이론으로만 돌아가는 것은 아닙니다. 이 제안은 10년이 넘게 전 세계 곳곳에서 이루어졌던 실제 작업에서 나온 것입니다. 영국 내에서도 널리 퍼져 이제 사람들은 다른 기술이 필요하다고 말합니다.

이것은 후퇴가 아니라 한 세기의 종결을 의미합니다. 실업은 늘고 있는데, 실업자들은 자동으로 고도의 자본집약적 일자리로 흡수되지 않습니다. 이들은 어떻게 될까요? 실업은 늘어나는데도 복지예산 배당은 더욱 줄어듭니다. 실업을 막는 데 필요한 조치가 다 나오지 않습니다. 우리는 언제까지나 '고도Godot'를 기다릴 수 없으며, '고도'는 결코 오지 않을 것입니다.[14] 다시 말해 정부의 조치만 마냥 앉아서 기다릴 수 없습니다. 이제 우리의 두 발로 일어서 공동체 내에서 할 수 있는 일을 찾아내야 합니다. 할 수 있다는 자기암시가 필요한 순간이 다가옵니다. 지적인 노력을 기울여 필요한 것을 효율적으로 생산할 수 있는 적정기술을 개발해야 합니다.

최근에 저는 간디가 1930년 영국에 왔던 시기를 그린 영화를 한 편 본 적이 있습니다. 간디가 사우스햄턴 항구에 도착하자 기자들은 통로에서부터 질문을 쏟아냈습니다. "간디 선생님, 현대 문명에 대해 어떻게 생각하십니까?" 그러자 간디가 대답했습니다. "(현대적인 문명이 있을 수만 있다면) 그거 참 좋은 생각인데요." 저는 지금이 바로 간디가 말한 좋은 생각을 실천할 때라고 생각합니다.

기술 발전을 앞서 말한 네 가지 방향으로 이끌고자 누구나 의식적으로 노력하다 보면, 한꺼번에 네 가지를 모두 구현할 수는 없어도 무턱대고 반대쪽으로만 달려갈 사람들에게서 어느 정도의 협조를 얻어낼 수는 있습니다. 이 경우 나와 반대편에 서 있는 사람들은 끔찍한 일을 하고, 이래서 저래서 나쁘다는 식으로 비난만 한다면 상대로부터 최상의 협조를

---

14 '고도 Godot'는 사무엘 베케트의 대표적인 희곡 『고도를 기다리며』에서 블라디미르와 에스트라공이 기다리는 미지의 인물이다. 하지만 이들은 고도를 한 번도 만난 적도 없으며 극이 끝날 때까지 그가 올지, 오지 않을지조차 확실하지 않다. 고도는 신을 의미하거나 미래에 대한 희망, 혹은 제2차 세계대전의 종식을 뜻한다는 주장도 있다.

얻어낼 수 없습니다. 조직체를 바꾸기는 어렵지만 적어도 조직 안에 있는 사람들은 재교육시킬 필요가 있습니다. 확신하건대 이들에겐 자원이 있어 별 부담 없이 일을 할 수 있습니다.

여기에 대한 제 대책이 바로 '구명보트'입니다. 저는 영국의 몇몇 대농大農들에게 구명보트를 준비하라고 말했습니다. 대규모 경작자들에게 전체 토지 가운데 95퍼센트의 땅은 생계를 위해 경작하고, 나머지 생계에 필요하지 않는 5퍼센트의 땅은 따로 떼어내어 복잡하고 취약한 산업시스템에 의존하지 않는 유기농단지나 실험단지를 운영해보라고 설득했습니다. 몇 번의 설득 끝에 실제로 실험이 시작되었습니다. 하지만 우리 역시 비화학적 방법으로 농사지을 사람들을 훈련시켜놓지 않았기 때문에 누가 이 실험을 이끌지를 두고 어려움이 있었습니다. 지금은 토양의 특성을 무시한 표준화된 농법과 화학비료의 사용으로 전통 농법이 다 사라져버렸기 때문에 50년 전보다도 비화학적 농법을 하기가 어렵습니다. 가령 이런 식입니다. "안 됩니다. 이 땅에는 이걸 쓰고 저 땅에는 저걸 써야지, 안 그러면 병충해가 듭니다" "저런, 왜 병충해를 걱정합니까? 살충제가 있는데요", "안 그러면 잡초가 무성해집니다" "저런, 왜 잡초를 걱정합니까? 제초제가 있는데요", "이 땅은 비옥하고 저 땅은 척박합니다" "글쎄요,

왜 구분해야 됩니까? 우리에겐 화학비료가 있는데요." 말하자면 식물이 흙에서 자라는 것이 아니라 화학비료에서 자라나는 셈입니다.

이런 태도와 함께 농업에 표준화·단일화 방식이 도입되면서 땅과 잘 협력해왔던 전통적인 농사방법과 지식은 대부분 사라졌습니다. 이것을 되찾아야 합니다. 이제는 더욱 어렵게 되었지만 그래도 아직은 할 수 있습니다.

대안작업에 참여하여 일을 수행하면서 한눈에 적이 누군지 바로 알아볼 수 있게 되면 일이 어렵지도, 그렇게 오래 걸리지도 않을 것입니다. 주위에 사람들만 충분히 모인다면 생활에 기본적으로 필요한 대안적 기술과 대안적 가능성을 전 범위에 걸쳐 반드시 만들어낼 수 있다고 생각합니다.

이렇게 말하는 사람도 있습니다. "다 맞는데 기술은 이 문제와 아무런 상관이 없다. 기술이 문제라고 보는 건 임시변통에 지나지 않는다. 우리는 시스템이나 철학을 바꿔야 한다. 어떻게 하면 인간의 본성을 바꿀 수 있을까? 어떻게 하면 인구증가를 막을 수 있을까?" 그러나 우리에게는 할 수 있는 일과 할 수 없는 일이 있습니다. 여기서 '우리'란 추상적인 의미가 아니라 지금 이 자리에 앉아 있는 여러분을 의미합니다. '우리'라는 말은 많은 경우 토론에서 큰 혼란을 야기합니다. 사람들은 거대 기업인 GM을 소규모로 분산시켜야 한다고 말합니다. 저는 그렇게 말하는 사람들을 한번 쳐다봅니다. 저로서는 길모퉁이에 있는 약국 하나도 분산시킬 수 없습니다. 또 어떤 사람들은 인간의 본성이 달라져야 한다고 합니다. 그러나 이런 사람도 자신의 성격 하나 바꾸지 못합니다. 제가 '우리'라는 말을 쓴 것은 지금 여기 와 있는 비록 약자들이지만 실제로 살아 있는 우리가 무엇을 할 수 있는지 묻기 위해서입니다.

이런 식으로 문제를 보고 대안의 가능성을 눈으로 볼 수 있게 제시해주면, 미래에 자립적으로 생존할 수 있는 방법은 현재 보이기 시작하는 것들 속에서 찾아낼 수 있음을 알게 됩니다. 비록 규모가 작고 스콧 니어링[15] 같은 사람만이 할 수 있는 방식이라 할지라도 최소한 뭔가를 해볼 수 있으며, 효과가 있을 경우 대안이 될 수 있습니다. 대안에 대한 요구는 갑자기 올 것입니다. 누군가 무엇이든 이룩해놓으면 인간이 만든 기술이지만 우리를 인간답게 만들어줄 이 기술로부터 많은 사람들이 혜택을 얻게 됩니다. 이 기술은 우리가 통탄해 마지않는 체제가 만든 것이 아니기에 인간에게 잘 맞

---

15 미국의 경제학자이자 정치운동가로, 제1차 세계대전 중 반전 활동과 사회주의에 대한 급진적 신념 때문에 대학 교수직에서 해고된 뒤 부인인 헬렌 니어링과 함께 메인주의 시골로 내려가 집필에 몰두하며 평생 자급자족하는 대안적 삶을 살았다. 땅에 뿌리박은 그의 소박한 생활은 1960년대 미국 귀농운동의 토대가 되었고, 오늘날에도 생태적 대안을 실천한 삶으로서 제시되고 있다. 대표적 저서로는 『조화로운 삶』이 있다.

는 새로운 체제를 만들 수 있습니다. 약자들이 다시 자기 것을 만들어낼 수 있게 되면 위압적으로 거대한 기술에 맞서 스스로를 방어할 수 있게 될 것입니다.

따라서 저는 결코 낙담하지 않습니다. 저는 우리가 탄 배를 더 나은 세상으로 싣고 갈 바람을 일으킬 수는 없습니다. 하지만 적어도 때가 되면 바람을 이용할 수 있도록 돛을 세울 수는 있습니다.

# 5

# 좋은 경영을 위한 안내

시스템의 변화로 문제가 해결되는 것은 아닙니다.
언젠가 간디는 "사람들은 우리가 좋은 사람이
될 필요가 없는 그런 완벽한 시스템을 찾고 있다"고
통렬히 비판한 적이 있습니다.

무엇에 관해 말하고 있는지 잘 모르면서 자본주의니 사회주의니, 국유화니 떠드는 것은 쓸데없는 짓입니다. 결국 경제는 매우 상이한 여러 분야로 형성됩니다. 결론부터 말씀드리자면 다양한 기본욕구를 충족시켜줄 소규모 사업체가 많이 있는 나라에서는 이 사업체들이 별다른 사회문제를 일으키지 않습니다. 소규모 사업체는 단독으로 사회에 큰 영향을 끼칠 수 없습니다. 소규모 사업체에 가장 잘 맞는 조직은 사기업私企業 방식입니다. 직원이 10여 명 정도라면 노동조합은 고용주가 노동자를 착취하는지 안 하는지 완벽하게 감독할 수 있습니다. 이것은 명확합니다. 자산資産을 책임질 사람이 분명히 있으면 인간과 물질 간에도 실존적 관계가 생깁니다. 국가가 소규모 사업체까지 국유화하게 되면 결과적으로 사람들은 이제 일을 하지 않으려고 합니다. 독립적으로 자기 사업을 해보려는 올곧고 정직한 많은 사람들의 꿈도 좌절됩니다. 일을 하려면 괴물 같은 관료제에 복종해야 하고, 그로 인해 사람들의 삶은 볼품없이 됩니다. 그래서 저는 소규모 사업체에서는 사기업 방식이 더 낫다고 확신합니다.

그러나 일거수일투족이 엄청난 사회·정치적 파장을 불러올 수 있는 거대 공장이나 거대 기업을 개인이 소유하게 되면 반대의 다른 극단으로 갑니다. 이 경우 사적 소유권이란 기업생존에 필요한 현실이 아니라 하나의 구실에 지나지 않습니다. '소유주 owner'는 자산과 실제로 아무 관계도 없습니다. 마치 파리에 살면서 소작농이나 노동자들로부터 불로소득을 챙겼던 프랑스 혁명 전의 봉건지주들과 매우 흡사합니다. 그래서 이런 식으로 구실을 만들지 못하도록 합의점을 찾아야 합니다.

국가가 소유권을 독점하는 것도 끝없는 문제를 만들어냅니다. 결론적으로 정부와 기업은 서로 뒤섞이지 말고 따로 분리되어 있어야 합니다. 이 말은 사회적 관심을 끌어낼 수 없다는 뜻이 아닙니다. 영국에는 공기업의 전통이 있고, 정부와 기업 간의 권력분할은 상당히 잘 됩니다. 석탄, 전기, 가스, 철도 산업을 국유화할 때 왕립화학산업 Imperial Chemical Industry이나 제너럴 일렉트릭 General Electric과 마찬가지로 공기업으로 만들어졌습니다. 조직을 구성할 때 까다로운 문제가 많았습니다. 왜냐하면 누구에게나 최후의 보루가 될 만한 권위가 조직에 필요하기 때문입니다. 예를 들면 스콧배더 사에는 이사회라는 조직이 있습니다. 민주주의 국가에서 정부를 바꾸는 것은 쉬운 일입니다. 그러나 새로운 정부가 잘 구성되는지 지켜볼 사람도 있어야 합니다.

최고위직의 인물을 쉽게 바꿀 수 있는 경우에는 자리가 잘 계승되는지 지켜볼 사람이 필요합니다. 영국에서는 여왕이, 독일에서는 대통령이 그 역할을 합니다. 국영기업도 마찬가지입니다. 기업을 경영할 최고위원회를 구성하는 것은 누구의 책임일까요? 죄송합니다. 제가 좀처럼 서열구도를 벗어나지 못하는군요! 영국의 경우는 장관의 책임입니다. 가령 연료산업은 에너지부 장관의 책임입니다. 장관은 위원회를 구성하고 각 위원들을 임명합니다.

이 방법은 잘못되었습니다. 장관이 위원장을 임명하는 것까지는 괜찮지만 팀의 구성만큼은 위원장에게 맡겨야 합니다. 장관이 위원장과 부위원장을 비롯하여 모든 위원들까지 임명하는 것은 바람직하게 팀을 구성하는 방법이 아닙니다. 일의 성과는 팀워크에 달려 있기 때문입니다. 이 점은 배열상의 결함입니다. 위원회의 규모에 대한 규정은 있습니다. 하지만 이러한 결함을 제외하면 대체로 합리적입니다. 장관은 위원회를 임명만 할 수 있고, 실제 모든 결정은 위원회에서 정해집니다. 그래서 위원회 밑에 있는 직급, 가령 종업원 숫자가 85만 명으로 출발한 영국 석탄위원회 British Coal Board는 최고경영자를 위원회에서 임명합니다. 저는 위원회에는 몸담아본 적 없지만 그 전 단계까지는 가보았습니다. 1967년에 핵에너지를 반대하는 대중연설을 한 적이 있었는데, 이때 너무 열광적인 지지를 받아 저에 대한 보고가 영국 수상에게까지 올라갔습니다. 하지만 영국 정부는 저를 해고할 수 없었습니다. 위원회가 저를 해고하지 않았기 때문에 저는 보호를 받을 수 있었던 겁니다. 정부가 마음대로 더 낮은 직위로 임명할 수 있는 '엽관제'[16]로부터 신분상의 보호를 받는 것은 중요합니다.

기업의 규모가 크면 경영 규모도 터무니없이 커집니다. 그렇게 되면 행정은 매우 골치 아픈 일이 됩니다. 영국 석탄산업에 몸담고 있을 때 차라리 채광 기술자라면 더 좋겠다는 생각을 했습니다. 죽은 물질과 씨름하는 것보다 살아 있는 문제와 씨름하는 것이 훨씬 더 힘든 일이기 때문입니다. 사무실에 앉아서도 현실에 잘 맞는 규율을 짜내야 하지만 현실은 언제나 소설보다 더 낯설기 마련입니다. 위계체계로 짜인

---

16 엽관제獵官制: 선거에서 이긴 정당이나 대통령이 관직 임명권을 갖는 제도.

경영방식도 최상의 방식이 될 수 있습니다. 그러나 한시라도 자문을 듣지 못하면 나쁜 경영방식이 됩니다. 우리는 석탄위원회에서 항상 뛰어난 자문을 얻었고, 아래로부터도 두루 자문을 구했습니다. 행정이란 믿기 어려울 정도로 어렵습니다. 말하자면 추상적인 정의를 구체적인 현실 속에서 실행하는 게 행정입니다. 최고로 우수한 인재들에게 행정을 맡기고자 모두 본사로 배치하게 되면 아래 현장에서는 인재들을 놓치게 됩니다. 행정은 잘 돌아가겠지만 실제 현장은 최고의 인재 없이 운영됩니다. 반대로 만약 일급의 인재들을 상부의 행정부서가 아닌 하부의 현장으로 내려 보내면 행정일은 이류, 삼류 직원들 독차지가 되고, 저 아래 현장에서 일하는 사람들은 그토록 바보 같은 규율이나 만들며 앉아 있는 소위 관료주의로 인해 절망하게 됩니다.

최고의 행정은 '행정 부정이론 negative theory of administration'을 지키는 것이라는 게 저의 신념입니다. 이 용어는 제가 만든 것입니다. 다시 말해 '최소한'의 행정으로도 잘 돌아가는 조직구조를 찾아내자는 것입니다. 아주 작은 조직은 알아서 잘 돌아가기에 행정에 아무 문제도 없습니다. 작은 조직에서는 추상적인 규율이 만들어져도 별 문제가 되지 않습니다. 왜냐하면 인간 정신이 조직 전체를 감싸고 있어 결정이 필요하면 그때그때 내릴 수 있고, 자문도 매우 쉽게 얻을 수 있기 때문입니다.

그러나 거대한 조직을 다뤄야 한다면 어떨까요? 머릿속에 그림이 두 가지 떠오릅니다. 하나는 크리스마스 트리입니다. 꼭대기에는 큰 별이 있고, 밑에는 영양가도 있고 쓸모도 있는 갖가지 견과류가 매달려 있습니다. 이것은 획일적인 구조입니다. 행정가들, 특히 재무직에 있는 사람들은 이런 질서정연한 조직을 선호합니다. 살아 있는 조직이 지닌 가장 커다란 특징은 자발성입니다. 위와 같은 획일적 구조에서는 대부분의 사람들이 정책을 수행하는 입장에 서 있기 때문에 자발성을 트리 꼭대기에 달린 별에서만 찾으려 합니다. 아무리 능력이 뛰어나더라도 오직 한 사람만 자발성을 발휘하고 아래로 내려갈수록 자발성이 점점 줄어드는 조직구조로는 어떤 조직이든 활기차게 유지될 수 없습니다.

다른 그림을 떠올려봅시다. 놀이공원에서 어떤 사람이 끝에 수백 개의 풍선이 달려 있는 줄을 한 손에 쥐고 있다고 해봅시다. 각각의 풍선은 자기 힘으로 예쁘고 둥근 모양으로 떠 있습니다. 거대 조직에 필요한 이상적인 구조는 바로 이런 모습입니다. 물론 그 줄을 놓치지 않고 잘 쥐고 있을 사람이 필요합니다. 하지만 이 사람은 트리의 별처럼 꼭대기에 앉아 있는 것이 아니라 바닥에 서 있습니다. 풍선은 풍선마다 부력을 지니고 있습니다. 어쨌든 풍선 하나하나의 부력에는 한계가 있으니 어떤 의미에서는 풍선의 숫자가 늘어나는 게 더 신나는 일이 됩니다.

이런 그림 속에서 생각해봅시다. 어떻게 하면 획일적인 구조를 재조직하고 재구조화할 수 있을까요? 단순히 분산시키거나 해체시켜버리면 해결하기 어려운 문제가 여러 가지로 생길 수 있기 때문에 좋은 선택이 아닙니다. 먼저 조직을 마비시키지 않고도 규모를 줄일 수 있는지, 어떤 분야를 따로 분리해낼 수 있는지 찾아내야 합니다. 사실 많은 업무는 기업 밖에서도 잘 해낼 수 있습니다. 예를 들어, 석탄위원회는 위원회 산하에 인쇄소를 가지고 있습니다. 사실 인쇄와 석탄은 별로 공통점이 없습니다. 이런 식으로 몇 가지 활동을 선별해서 서로 분리된 경영진 아래 다시 구성해보는 겁니다. 그렇게 하면 이 조직들은 변함없이 전체의 일부이면서도 고유한 정체성을 지니게 됩니다.

석탄산업의 조직 분리 역사도 이런 과정을 보여줍니다. 맨 처음 떨어져 나온 것은 노천채굴이었습니다. 갱내채굴과는 상당히 다른 사업입니다. 노천채굴이 떨어져 나온 이유는 갱내채굴을 담당하는 사람이 노천채굴에 관심도 없고 전문지식도 없었기 때문이었습니다. 이렇게 해서 노천채굴 운영자가 처음 나왔습니다.

석탄은 갱도를 따라 채굴된 뒤 가공되지 않은 상태로 발전소로 가기도 하고, 코크스 제조공장이나 다른 공장에서 가공되기도 합니다. 가공공정 역시 전문경영자와 특별한 전문지식이 필요한 다른 성격의 사업이기 때문에 거대한 조직에서 따로 떼어내도 괜찮았습니다. 그래서 석탄제품 운영자를 구하게 되었습니다. 또한 몇 가지 다른 일도 했는데, 가령 석탄광에 부착할 벽돌을 제조하는 일 같은 것이었습니다. 탄광 관리자라고 해서 유능한 벽돌 관리자도 될 수 있는 것은 아니기에 일을 맡아줄 벽돌 관리자를 구하게 되었습니다.

다음으로 차량운송 사업도 있습니다. 차량운송은 석탄위원회의 가장 큰 사업입니다. 잘 운영하려면 구매, 보수 유지, 수리 같은 여러 가지 경영기술이 필요합니다. 석탄을 나를 때뿐 아니라 암석을 쏟아버리고 처리할 때도 필요한 대형트럭을 5,000대에서 1만 대가량 갖추게 되면 조직체로 만들어야 합니다. 그렇게 되면 재미있게도 "자, 그러면 운송차량도 마찬가지로 운송관리자에게 따로 맡겨야 하나"라는 생각에까지 미칩니다. 이렇게까지 하는 게 말이 될까요? 소방차나 구급차까지 여기에 포함해야 할까요? 구별해서 해야겠지만 쉬운 일은 아닙니다. 여기에 정해진 공식은 없습니다.

다음에는 대규모 석탄을 적절하게 채굴하는 문제가 남습니다. 우리는 17개 지역으로 나눈 뒤 지역을 관할하는 감독관에게 어떤 일을 완전히 재량껏 처리할 수 있도록 맡길지 가려내기 시작했습니다. 이때 '보완 원리'에 입각하여 지역에서 스스로 할 수 있는 일은 본사에서 대신 해주지 않기로 했습니다. '보완 원리'란 도움이 필요할 때에만 본사의 기능을 쓸 수 있도록 하는 것을 말합니다. 외부로 분산하거나 하위 부서로 위임할 수 없는 기능으로는 노동조합과의 협상, 기업 재정 조정, 그리고 특정 마케팅 정책들이 있습니다.

시스템의 변화로 문제가 해결되는 것은 아닙니다. 언젠가 간디는 "사람들은 우리가 좋은 사람이 될 필요가 없는 그런 완벽한 시스템을 찾고 있다"고 통렬히 비판한 적이 있습니다. 완벽한 시스템은 존재하지 않습니다. 어떤 조직이건 조직 내부에는 사람들이 있고, 이들은 조직 바깥에 있는 사람들과 같은 사람들입니다. 마찬가지로 사기업 방식으로 소유권이 바뀌지 않았더라면 선량한 애국심으로 하게 될 일을 소유권의 토대가 바뀌어 새롭게 열린 문으로 들어가 다른 자세로 일을 하게 됩니다. 그러면 새로운 변화는 당연히 해야 할 도전이 됩니다.

충분한 자문을 받으며 대단히 훌륭하게 경영되는 사기업도 기업 소유형태를 국가 소유로 바꾸면 헌법적 의무가 시작됩니다. 일은 소유주의 자유의지에 달린 문제가 아니라 곧바로 대가가 뒤따르지 않더라도 반드시 해야 할 업무가 됩니다. 국가 소유 형태란 이상적인 관점에서 말하자면 사람들에게는 누구나 저마다 자질이 있어서 비즈니스가 정상적으로 완수할 수 없는 기능을 수행할 수 있다는 것을 전제로 합니다. 따라서 사람들은 대부분의 에너지를 일에 쏟아 붓게 됩니다. 기업은 단순히 상품만 생산하는 것이 아니라 '사람'도 만들어내기 위한 것이며, 따라서 기업의 전 과정은 사람들이 배워야 할 학습과정이라고 할 수 있습니다.

그래서 신중히 검토되지 않은 채 성급하게 추진하는 국유화는 재난에 가깝습니다. 심한 타격을 생명체에 가했을 때와 마찬가지로 급작스러운 변화는 많은 혼란을 야기합니다. 혼란을 하나의 기회로 삼아 이런 변화를 올바른 방향으로 전환시키는 데에도 수년이 걸립니다.

영국 국립석탄위원회의 수석 경제학자로 정규직에 근무하는 동안 다른 중요한 활동 세 가지에도 참여했습니다. 활동은 모두 저의 남는 시간을 활용했습니다. 영국에서는 돈을 모으는 것이 너무 어려워서, 첫째가 돈이고 그다음에 돈으로 무얼 좀 해보자고 생각하는 사람은 성공할 가능성이 거의 없습니다. 그보다는 '그래, 비록 생계를 위해 일을 하지만 나한테는 다른 일을 할 시간도 많다'고 생각하는 사람이 결국 최고의 일을 하게 됩니다. 이런 식의 최고의 일은 생계를 버는 일과 달리 사회에 빌붙어서 할 필요가 없습니다.

세 가지 활동 가운데 첫 번째가 토양협회 Soil Association였는

데, 이 단체는 유기농법을 발전시키고자 영국에서 시작된 민간단체였습니다. 저는 여기에 지난 30년간 참여해왔습니다. 물론 우리 활동은 비웃음을 받았습니다. 그러다가 유기농 바람이 불었지만 정작 어떻게 대처해야 할지 몰랐습니다. 지금이야 유기농법으로 농사지으려는 사람들이 많지만 지난 몇 세대 동안에는 유기농법 교육을 받은 농장 운영자는 거의 없었습니다. 농지는 구했지만 사람들을 교육시키는 일부터 해야 했습니다. 많은 연구소에 들어가 이미 설립된 기관들과 함께 훈련과정을 운영했습니다. 완전히 처음부터 새로운 것을 만드는 것보다는 훨씬 더 쉽기 때문입니다.

저는 거대하고 힘센 조직 앞에서 주눅 들지 않는 편입니다. 거대 조직은 막강한 권력을 가지고 있지만 거기도 결국 '사람'이 운영하는 곳입니다. 드디어 대기업이라는 '거내 공룡'과 함께 일할 시기가 왔습니다.

제 아들은 꽤 당찬 편입니다. 얼마 전에 아들이 제너럴 일렉트릭의 영국 회장인 아놀드 웨인스톡 경에게 편지를 보냈습니다. 어느 날 웨인스톡 경이 집에 돌아와 무심코 열어본 게 제 아들의 편지였을 겁니다.

> 친애하는 아놀드 웨인스톡 경께,
> 앞으로 사라지지 않을 에너지 위기와 사라지지 않을 인플레이션

을 고려해볼 때, 또 수많은 독거 노인들에 대해 생각해볼 때, 제너럴 일렉트릭에서 소형 전기 주전자를 생산해보는 것은 어떨까요? 독거 노인들이 차 한 잔을 마시기 위해 물을 한 솥씩 끓이는 건 정말 어리석은 일인 것 같거든요. 그런 제품을 만드시게 되면 (1) 에너지 위기를 해결하는 데 도움이 되고 (2) 인플레이션에 맞서 싸우는 데도 도움이 되며 (3) 독거 노인에게도 도움이 되고 (4) 저 같은 아이에게는 크리스마스나 할머니 할아버지 생신 때 무엇을 선물할지 고민거리를 덜어주고 (5) 그리고 사장님께서는 큰돈을 벌 수 있는 일이 될 겁니다. 제 아이디어를 채택하시게 되면 보상으로 자전거를 살 수 있는 정도의 돈만 보내주시면 충분합니다. 이 역시도 기름을 아끼는 일이죠. 그리고 주전자를 만드시면 연로하신 우리 아빠에게도 하나 보내주세요.

아들은 편지 밑에 '로버트 슈마허, 11살'이라고 서명을 했습니다. 이틀 후 '거대 공룡'께서 세련된 편지지에 최고급 전기 타자기로 이렇게 타이핑한 답장을 보내왔습니다.

친애하는 슈마허 군에게,
제너럴 일렉트릭 사는 덩치가 큰 물건만 만들지 작은 물건은 만들지 않습니다. 하지만 슈마허 군의 흥미로운 편지에 대해 매우 고맙게 생각합니다. 슈마허 군이 지금처럼 진취성과 창의성을 계속 키워나간다면 머지않아 자기 힘으로 자전거도 사고, 연로하신 아빠에게 드릴 돈도 금방 벌게 될 것입니다.

아놀드 웨인스톡

죄송합니다. 이 일화가 갑자기 떠올랐습니다. 지나간 추억이지만 여기서 우리는 공룡을 어떻게 다뤄야 하는지 알 수 있습니다.

어쨌든, 제가 지금도 관여하고 있는 첫 번째 단체가 토양협회입니다. 현재 우리의 임무는 세 가지입니다. 첫 번째는 유기농 농부를 양성할 훈련과정을 만드는 것이고, 두 번째는 유기농 생산품을 판매할 유통회사를 설립하는 것입니다. 먼저 회사 설립을 위해 등록상표와 로고를 만들어야 했습니다. 당국으로서는 우리가 직접 유기농 상품을 감독하고 있다는 것을 명확하게 입증하지 못한다면 "이 제품은 유기농 상품입니다"라는 상표를 등록시켜주지 않을 것입니다.

감독 방법을 찾는 것은 보통 힘든 일이 아닙니다. 우리로서는 농장에서 나오는 모든 상품을 일일이 감독할 수 없습니다. 그렇지만 토양은 감독할 수 있지요. 저의 독일인 동료 한 명이 매우 독창적인 토양 검사법을 개발해서 채택이 되었습니다. 실행 가능한 제안이었거든요. 그렇게 유통회사를 만들었는데, 유기농 상품의 경우 톤당, 또는 100파운드당 상품가치가 과학적으로 봐도 더 높기 때문에 이 회사는 유기농 생산품에 따른 이점을 얻을 수 있습니다.

세 번째로 우리는 이제 유기농 생산자들을 위한 협동조합을 만들려고 합니다. 그러면 농부들은 완전히 독립할 수 있습니다. 이것은 농장을 공동출자하는 것이 아니라 공동 서비스를 위한 협동조합이며, 농부들은 구매와 서비스를 공동으로 할 수 있습니다. 현재 이와 같은 일들이 진행되고 있고, 협동조합은 농부들에게 부가가치가 더 많이 돌아가도록 도움을 주고 있습니다. 가령 유기농법으로 밀을 재배하는 농부가 시장에서 멀리 떨어지지 않은 곳에 살고 있다면 굳이 밀로 팔 필요가 있을까요? 즉석에서 빻은 밀가루로 파는 게 더 낫겠지요? 이를 위해 우리는 작고 성능이 뛰어난 제분기를 찾아 낼 수 있었고, 농부들은 밀보다 파운드당 두 배의 부가수익을 밀가루에서 얻게 되었습니다. 이렇게 해서 중간에서 제분업자가 걷어가던 부가수익이 농장 경제로 되돌아올 수 있게 되었습니다. 물론 밀보다 밀가루가 더 수익이 좋고, 특히 바로 빻은 신선한 밀가루, 그것도 유기농으로 재배한 밀가루는 수익이 더 많습니다. 이런 밀가루는 좋은 값을 받을 수 있고, 가치는 치솟게 됩니다.

제가 관여했던 두 번째 단체는 스콧 배더라는 회사였는데, 1차 세계대전 전에 영국으로 이민 온 스위스 태생의 퀘이커 교도인 어네스트 배더 Ernest Bader가 설립한 플라스틱 회사였습니다. 그분은 이제 85세쯤 됩니다. 영국에 도착했을 때 배더는 무일푼이었습니다. 당시 배더는 '앞으로 평생 다른 사람 밑에서 일만 하게 되겠지. 이 얼마나 무시무시한 시스템인가' 하고 생각했습니다. 그런데 일이 잘 풀려 배더는 기업가가 되었고, 사업체도 갖게 되었습니다.

그러던 중 1951년 어느 날 아침 배더는 느닷없이 잠에서 깨어나 이런 결정을 내렸습니다. "예전에 내가 겪었던 고통을 지금은 내가 다른 사람들에게 똑같이 저지르고 있구나. 이런 마음으로는 지금 같은 삶에서 벗어날 수 없어. 안 된다. 무엇이든 해야 한다." 그는 다양한 사람들을 만나기 시작했습니다. 그중에는 저도 끼어 있었죠. 배더는 "이 일을 퀘이커 교도이자 평화주의자로서 제 자신이 믿고 있는 토대 위에서 하고 싶습니다. 지금껏 해온 일에 대해서는 믿음이 없습니다"라고 말했습니다. 그래서 우리는 회사 정관을 새로 만드는 일부터 시작했습니다. 배더는 회사의 소유권을 갖고 싶지 않다고 말했습니다. 그래서 10퍼센트를 제외한 모든 자본은 공동조합으로 귀속되었고, 유한책임회사가 설립되었습니다. 주식 소유권은 이제 배더가 아닌 공동조합에 있게 되었으며, 일정기간 근무한 사람은 누구나 공동조합의 조합원이 되었습니다. 법적으로는 공동조합이 회사를 운영하는 소유주인 것입니다. 처음에 배더 가족은 창립자용 지분으로 10퍼센트의 주식을 보유했는데, 주식을 사용하려는 의도가 아니라 최후의 수단으로 다수 주식을 보유하기 위해서였습니다. 설립하는 것은 어려워도 무너뜨리는 것은 쉽기 때문입니다.

그런 다음 우리는 사업을 배우고자 했습니다. 사업에 뛰어든다는 것은 무엇을 의미할까요? 사업이 잘 안 될 때도 자기 일자리를 지키기 위해 하루아침에 다른 사람들과 선을 그으며 "나가"라고 하지 않을 수 있을까요? 모든 종업원에게 실제로 '절대적인' 고용안전을 보장해줄 수 있는 그런 사업을 할 수 있을까요? 실제로는 할 수 없습니다. 사업은 생계이자 공동체이며 결속입니다. 그렇다면 어떻게 해결할 수 있을까요? 그것이 문제입니다. 사람들은 해결될 수 없다고 말했습니다. 갑자기 무역거래가 슬럼프에 빠지고, 경쟁업체들은 종업원의 50퍼센트를 해고하며 구조조정을 하는 상황에서 여러분이 회사를 끌고 가야 한다면, 어떻게 하시겠습니까? 글쎄요, 경영학 책을 들여다봐야 아무 소용이 없습니다. 결국 피부로 느껴야 합니다. 그러면 지금까지와는 다른 방향으로 경영하게 됩니다. 경영에 대한 요구는 더욱 커지게 되겠지요. 처음에 사업을 확장하기 전에 열 번도 더 생각해봤습니다. 일단 새로운 사람들과 함께 일하게 되면 그들도 한 식구가 된다는 의미이니까요. 그런 의미에서 직원도 주인도 없습니다. 우리 모두가 공동 소유주이자 직원이었습니다. 1963년에 이르러서야, 즉 12년 정도 지나자 회사가 잘 돌아간다는 생각이 들었습니다. 창립자의 주식 또한 공동조합으로 돌아갔고, 공동조합의 집행부가 회사의 소유주가 되었습니다.

사실상 소유권이 폐지되었다고 말할 수 있겠지요. 소유권은 그 어떤 개인에게도 이전되지 않았으니까요. 왜냐하면 공동조합의 구성원은 회사를 떠나거나, 다른 지역으로 이주하거나, 혹은 여기가 싫어지게 되더라도 아무도 스콧 배더 사의 주식을 챙겨서 회사를 떠날 수 없기 때문입니다.

소유주로서 누리던 여러 권리와 소유권이 사라진 대신에 우리는 이런 문제도 해결해야 했습니다. 회사 재정은 제대로 돌아가고 있나? 경영은 제대로 돌아가고 있나? 자본주의에서는 이 문제가 소유주에게 달려 있으며 자동적으로 '소유주'의 일이 됩니다. 실제로 사업을 하는 소유주라면 당연합니다. 그러나 우리의 경우는 다시 잘 생각해보고 나누고 배워야 합니다. 사업에 함께 참여한다는 것은 신성한 일이고, 우리 모두 '참여'란 말에 찬성하며 이렇게 말합니다. '자, 민주화라는 말을 아시잖아요.' 그 말은 정확하게 무슨 의미입니까? 사람들은 서열구조를 원하지 않는다고 대답합니다. 글쎄요, 어느 정도의 위계질서 없이 무엇을 경영할 수 있을까요? 지난 27년간 실제로 이런 질문들이 스콧 배더 사에서 검토되었습니다. "미래를 내다봤고, 그것은 적중했다"는 유명한 말대로 회사는 점점 더 강력해졌습니다.

우리는 소위 '자기부정의 법령'을 몇 가지 정했습니다. 그 법령 중 하나는 퀘이커교에서 나왔는데 우리가 만든 상품이 무기로 사용된다는 증거가 나오는 즉시 상품을 팔지 않겠다는 것입니다.

두 번째 법령은 이사회가 아닌 일종의 직원 의회가 주권 단체가 된다는 것입니다. 직원 의회는 사실상 이사들을 선발하거나 해임할 수 있고, 회장과 이사들의 봉급을 승인할 수 있습니다. 그러한 점에서 상당한 수준의 민주주의가 이루어졌습니다. 또한 직원들도 의사 결정에 참여할 수 있도록 정관을 만들었습니다.

세 번째 법령은 회사에서 주는 최고 봉급액과 최저 봉급액 간의 차액을 최대 얼마로 할 것인지에 대한 합의입니다. 세금을 떼기 전의 임금을 말합니다. 관계자들끼리 선의를 가지고 충분히 논의했지만 여전히 봉급 격차가 최대 7배나 나는데도 서로 합의가 이루어졌다는 점에 많은 사람들이 놀랄지도 모르겠습니다. 하지만 공동체로부터 봉급 격차를 좁히라는 요구는 나오진 않았습니다. 왜냐하면 이러한 임금대가 필요하다는 이해가 있었기 때문입니다. 이 임금대는 최고 봉급을 받는 고위직 간부와 최저 임금을 받는 젊은 종업원까지 모두 포함된 것입니다.

네 번째 법령은 400명 이상의 규모로 성장하지 않기로 정하는 것입니다. 여러분은 "400명이라고? 왜 350명은 아니고?"라고 물을지도 모릅니다. 자연에서는 세포 하나가 계속해서 커지지 않습니다. 성장의 필요성이 생기면 분열하여 새로운 세포를 만들어냅니다. 그래서 우리도 성장의 압박이 커지자 회사를 세 개로 나누어 완전히 독립적으로 운영했습니다. 어느 선에서 회사를 나눌 수 있는지 결정하려면 어느 정도 연구가 필요합니다. 인간적 접촉이 가능한 규모를 유지하는 게 우리의 원칙이었습니다.

마지막 법령은 이윤을 낼 때마다 일정액을 세금과 재투자를 위해 모아두어야 한다는 것입니다. 우리는 항상 이윤을 냈습니다. 이윤의 최대 40퍼센트 정도가 조합원에게 배분되었습니다. 조합원들은 배분받은 금액에서 매번 1파운드는 사회를 위한 좋은 일에 쓸 수 있도록 떼어두었습니다. 그래서 배분된 40퍼센트의 절반은 조합원에게로, 나머지 절반은 다른 좋은 일에 쓰는 데 돌아갔습니다.

이 돈을 이웃을 위해 쓰자는 제안이 나왔습니다. 그러나 50마일 이내에서는 써야 할 곳을 찾을 수 없었습니다. 지난 30년간 400명의 작은 인원은 도와달라고 아우성치는 다른 지역과 달리 자신들의 이웃을 잘 돌봐왔다는 의미입니다. 노인들은 정기적으로 소포를 받으며 보살핌을 받았고, 야구장이 필요했던 청소년 야구클럽은 야구장을 얻었습니다. 점자가 필요했던 맹인협회는 점자를 얻었습니다. 당혹스럽게도 우리 인근의 이웃 중에는 도움이 필요한 경우를 찾을 수 없었습니다. 이것은 매우 중요합니다. 만약 부富가 멀리까지 빠져나가지 않고 부가 창출된 인근범위 내에서만 사용된다면 모든 문제가 해결될 수 있습니다. 어떤 사회문제든 말입니다. 이런 이유로 우리는 50마일 바깥에서 돈 쓸 곳을 찾아야 했습니다. 이 일을 공립자선단체에 넘기는 것은 분별없는 짓입니다. 중대한 일이었기에 그렇게 하고 싶지는 않았습니다.

스콧 배더 사는 하나의 실험을 넘어서는 의미를 지녔는데, 그것은 삶의 양식을 바꾸는 것이었습니다. 그러나 좀 더 인간적인 작업조건을 만들겠다는 1차 목표는 지난 몇 년간 진전된 바가 많지 않습니다. 우리는 마치 영국 학생이 화학시간에 대해 말할 때 "고약한 냄새가 나요"라고 하는 것처럼 이 부분에서 기술에 덜미를 잡혔습니다. 화학 공장에는 고약한 냄새가 나는데 이 냄새를 사람들이 쾌적하게 느낄 수 있도록 바꿀 수는 없었습니다. "그러면 폴리에스테르를 만들지 않겠다. 무언가 다른 것을 만들겠다"고 말할 때가 올지도 모릅니다. 그렇다고 해도 사람들이 생계를 위해 회사에서 일하는 38시간의 노동시간을 좀 더 인간답게 만족스러운 시간으로 만들 수 없습니다.

그러면 일주일 중에서 실험실이나 사무실, 공장에서 일하는 시간을 뺀 나머지 수백 시간의 경우는 어떻습니까? 사람들이 퇴근 후의 시간을 매우 권태롭게 텔레비전이나 보면서 지낸다는 것을 알게 되었습니다. 이런 식으로 시간을 보내면 그 누구도 행복할 수 없습니다.

그래서 여가를 잘 활용할 수 있도록 공동체 내에서 할 수 있는 유용한 일을 개발하게 되었습니다. 이런 제안을 했습니다. "여러분이 직접 자동차 공동수리점을 세우는 건 어떨까요? 여러분 모두 손재주와 머리가 있는 사람들입니다. 가령 주말이면 오토바이 부품에 둘러싸여 혼자서 분해했다가 다시 조립했다가 하는 사람들을 쉽게 볼 수 있지요. 그러나 자동차는 혼자서 하기에 일이 너무 버겁고, 수리장비도 많이 필요합니다." 이렇게 해서 자동차 공동수리점이 세워졌습니다. 연금 수령자 두 명이서 수리점을 돌보기로 했습니다. 노인들은 할 일이 생긴 것에 하느님께 감사하고 행복해했습니다. 차가 고장 나면 수리소로 가져와 고쳤는데, 비용은 재료 값밖에 들지 않았습니다. 이런 식으로 공동체 전체를 위한 아이디어가 퍼져나가게 됩니다.

다음 아이디어는 영국 사람들은 누구나 작은 정원을 가지고 있다는 데 착안한 것입니다. 진짜 쓸만한 원예 장비와 기계를 만들자는 것입니다. 원예용 장비를 구입해보면 대개의 경우 별 쓸모가 없고 조잡하다는 것을 알게 됩니다. 우리는 자문을 해줄 적임자를 찾았고, 원예용 장비를 생산할 공동 출자 공장을 만들었으며, 마찬가지로 연금 수령자들이 운영을 맡게 되었습니다. 결과적으로 사람들은 최고의 원예 장비를 사용할 수 있게 되었고, 잔디나 깎는 데서 그치지 않고 식물을 키우는 일에도 열정적인 관심을 갖게 되었습니다.
다음 단계는 아직 시작을 못했습니다. 우리는 작은 땅을 갖고 있는데, 배더가 이번에는 매우 비합리적으로 우기면서 땅에서 채소를 키우는 것을 반대하고 있습니다. 그는 "나는 이 땅에 살고 있고, 여기는 내 정원입니다"라고 합니다. 위원회로서는 채소를 재배하고 싶은 마음이 굴뚝같지만 배더의 감정을 상하게 하고 싶지는 않습니다. 이 사건은 저에겐 감동적인 일입니다. 왜냐하면 이 사건은 고용주와 종업원, 즉 저주받는 자본가와 착취받는 노동자라는 식의 계약관계가 완전히 끝났다는 것을 보여주기 때문입니다. 땅을 경작하는 것이 합리적이지만 그렇게 하지 않을 것입니다. 배더가 나이가 들어가면서 비합리적으로 판단하는 측면이 있다고 생각하지만 감정을 상하게 하고 싶지는 않습니다. 차라리 우리는 좀 더 기다릴 것이고, 지금은 기다리는 것이 합리적입니다!
현재 기획 중에 있는 다른 안은 공동이익을 위한 목공점입니다. 왜냐하면 목공점이 있으면 필요한 가구를 만들 수 있고 더 많이 만들면 지역에 판매할 수도 있기 때문입니다. 이 안은 조만간 검토할 예정입니다. 스콧 배더 사는 공동소유제에 토대를 둔 작은 기업입니다. 공동소유제는 소유주 입장에서는 가장 관대한 결정이라고 할 수 있습니다. 공동소유제 기업이었기에 노동자들은 생활비를 벌어야 하는 압박감에서 벗어날 수 있게 되었고, 덕분에 노동시간은 줄어들었고 원하는 것을 자유롭게 선택할 수 있는 여가는 늘어나게 되었습니다. 그래서 점차 노동자들의 생활방식이 바뀌게 되었습니다. 근무시간이 주당 40시간이든 30시간이든 전일제 정규직 노동자로 기계적인 노동을 억지로 해야 한다면 이 노동시간은 노동자들에게 매우 나쁜 영향을 끼치게 됩니다. 하지만 주당 노동시간이 20시간 정도라면 얘기가 다르겠지요. 하루에 서너 시간 정도 일하면 되니까 기계적인 노동이라 하더라도 그 정도의 노동은 견뎌낼 수 있다고 봅니다.

# 6

## 작지만 위대한 실험
## 중간기술

'최선'만을 쫓는 시대 흐름에 휩쓸려
'최선'을 누릴 형편조차 안 되는 이들에게서
그들이 누려야 할 '차선'마저 앗아가면 안 됩니다.

제가 관여하고 있는 세 번째 단체는 1965년에 몇 명의 동료들과 함께 시작했던 중간기술개발그룹 the Intermediate Technology Development Group, Limited입니다. 미국에서는 이런 형태를 '법인주식회사'라고 부르지만 '유한책임회사'라는 말이 우리 회사를 설명하는 데 더 알맞은 용어입니다.

자, 이제 회사도 있고 지원금을 받을 자격도 있는데, 돈이 없습니다. 누군가 사무실을 함께 나눠 쓸 수 있도록 해줄지도 모르지요. 그러면 실제로 우리가 하고 싶은 일은 무엇일까요? 우리는 중간기술을 창조하고 이를 체계화하고자 합니다. 그러나 어떻게 이 일에 착수해야 할까요? 지금과 같은 시작단계에서 가장 유념해야 할 말은 "기획자들 planners을 조심하라"입니다. 이들은 진득하게 참지를 못하는 사람들로 여러분에게 5년짜리 기획안, 혹은 10년짜리 기획안을 만들어 내라고 합니다. 참으로 쓸데없는 짓이죠. 초기 단계에서는 특히 자신이 무엇을 모르고 있는지 알아야 합니다. 안다고 생각할 때의 태도는 모른다는 사실을 알고 있을 때의 태도와는 완전히 다릅니다. 그래야 좀 더 경각심을 갖고 주의를 기울일 수 있습니다.

어느 날 영국의 무역사절단이 나이지리아에 간다는 말을 우연히 들었습니다. 맙소사, 도대체 나이지리아에다 무엇을 팔겠다는 걸까요? 분명히 나이지리아인들이 절실히 원하는 물건은 들어 있지 않겠지요. 영국에서 사람의 손이나 가축을 동력으로 하는 농업장비를 찾아내어 그 목록을 사절단 편에 보내줄 수 있다면 얼마나 좋을까 생각했습니다. 시간이 몇 주밖에 없었기에 우리는 신속하게 목록을 만들어야 했습니다. 시간에 쫓겨 자료를 찾으면서 우리 사회가 고도로 잘 조직되어 있다는 것을 알게 되었습니다. 네트워크는 이미 있으니 네트워크에 어떻게 접촉할지만 알면 되었습니다. 농업장비 생산업체 중 하나로 농업기술자협회가 있습니다. 우리는 협회에 연락하여 영국에서는 잘 알아주지 않는 작은 회사들로부터 사람의 손이나 가축을 동력으로 하는 농업장비 목록을 얻어 등사기로 밀었습니다.

드디어 사절단이 나이지리아를 방문했을 때, 나이지리아인들은 정말 놀랐습니다. "겉만 번지르르한 카탈로그 대신 처음으로 제대로 된 목록을 가져왔군요"라며 목록을 재빨리 가져갔습니다. 이 일로 앞으로 할 일에 대한 실마리를 얻었습니다. 이게 계기가 되어 "어렵더라도 농업장비에만 국한하지 말고 좀 더 큰일을 해보자"고 생각하게 되었습니다. 그래서 1967년에 『진보를 위한 도구들: 농촌개발에 필요한 소규모 장비에 관한 안내』라는 제목의 책자를 만들게 되었습니다. 지난 20년간 소위 원조라는 이름으로 수십억 달러를 쏟아 부었지만 1967년에 와서야 비로소 개발도상국에 실제 필요한 장비의 목록이 제작되었기 때문에 큰 반향을 얻게 되었습니다. 비록 작은 사무실에서 판매부서도 따로 없었지만 이 책자는 전 세계로 퍼져나갔습니다. 상업적으로도 이윤이 될 만한 사업이어서 우리는 그것으로 돈을 빌리고 나중에 갚았습니다.

농기구 제조업자가 우리 목록에 물품을 올리려면 비용을 지불해야 합니다. 그중에는 우리가 원하지 않는 것도 있어서 몇 개는 제외되었습니다. 우리는 해외 답사를 갈 자금도 없었기에 목록은 영국에 있는 것으로만 제한되었습니다. 그러다보니 목록은 다소 피상적으로 되었고 좀 더 심층적으로 파고들어야 했습니다. 목록을 주제별로 체계적으로 만들어야 한다는 결론이 나왔습니다. 자! 무슨 일이든 효율적으로

하려면 첫 번째 내려야 할 결정이 "일을 크고 부유한 사회와 등을 돌린 채 자기 집 뒷마당에서 할 것인가? 아니면 사회에도 멍에를 씌워 함께 일을 하도록 만들 것인가?"입니다. 이 경우 뒷마당에서 빈둥거리며 편안한 방식으로 우리끼리만 하기에는 다급한 일이라고 보았습니다. 도움을 받을 수 있도록 사회를 끌어들일 방법을 찾아내야 했습니다. 어떻게 하면 될까요?

우선 조직의 구조에 관한 많은 관찰이 필요합니다. 자연에서 볼 수 있는 작은 세포들로 구성된 구조를 생각해봅시다. 각 세포마다 사람들이 있는 거지요. 그렇지 않고 하나의 세포가 자라나 점점 더 커지게 되면 조직은 유연하지 않게 됩니다. 우리는 분야를 주제별로 나눠 건설, 농업장비, 물, 동력, 농촌건강협동조합과 같은 전문 위원회를 만들었습니다. 첫 번째가 건설 분야였습니다. 마치 별도의 작은 기업처럼 만들어보자, 조언을 해줄 자원자들을 외부에서 모셔와 보자, 이런 식으로 일이 시작되었습니다. 이 주제에 관심 있는 사람들은 상상 이상으로 많았습니다. 때로는 일을 함께 해보고 싶다고 연락이 오는 경우도 있었습니다. 이렇게 일은 시작되었습니다. 건설위원회는 12명의 인원으로 구성되었으며 가난한 사람들의 주거문제를 다루기 위해 모였습니다. 아프리카에서 일을 시작하려고 하는데 꼭 남아공이나 유럽,

혹은 미국의 계약자들과 접촉해야 할까요? 어떤 분들을 건설위원회에 모셔야 할까요?

사회에는 주요한 세력단체가 세 가지 있는데 각각 A, B, C로 지칭해봅시다. A는 정부 관료, 즉 행정가들Administrators입니다. 우리는 이들을 끌어들이려 했습니다. 어떻게 하면 우리 작업에 공감하고 함께할 만한 사람을 찾아낼 수 있을까요? 이것이 A라는 요소입니다. 하지만 현실을 직시해보면 사실 정부는 아무것도 해줄 수 없습니다. 정부는 일을 중단하거나 재정지원을 해주거나 줄을 대는 데는 능수능란해도 진취성과 창의성을 얻기에는 좋은 상대가 아닙니다.

그래서 B라는 요소가 필요합니다. B는 비즈니스Business입니다. 비즈니스란 일을 하는 것입니다. 거기에는 여러 지식과 기업의 생존을 높이기 위한 규율, 사업을 잘 꾸려 직원들에게 급여를 줄 수 있는 방법 등이 포함됩니다. 우리에게는 B라는 요소도 있어야 합니다.

C는 의사전달자Communicators로 언어와 관련된 사람들입니다. 이들은 실제로 상추나 빵을 만들지는 않지만 아이디어를 줍니다. 좋은 의미로 말해서 이 사람들은 매우 쾌활합니다. 문젯거리와 사랑에 빠져 문제를 해결하고, 그 해결책을 최고 기밀로 처리하여 서류철에 넣은 뒤, 다시 다음 문젯거리와 사랑에 빠집니다. 아이디어는 아직 실행되지 않은 자원

입니다.

이러한 아이디어에 구체적인 살을 붙여 잘 돌아가게 하려면 A·B·C로 구성된 조직력이 필요합니다. C가 생산적인 아이디어를 낸 뒤 이것을 서류철에 넣어두려고 하면 B는 "우리가 거기에 돈을 투자했으니 이제 현실에 응용해보자"라고 말합니다. C가 원하지 않는 일이죠. 돈벌이로 변질되어 자기들의 깨끗한 손을 더럽히게 될 테니까요. 결단을 내려야 합니다. 하지만 돈벌이와 거리를 둔 채 순결을 지키면 정말로 풍성한 결과는 얻을 수 없습니다. 그래서 각 위원회를 세 분야의 세력으로 골고루 구성했습니다. 자리를 함께해보면 서로 얕봤던 다른 분야의 사람들에게도 좋은 점이 많다는 것을 알게 되어 잘 지내게 됩니다. 이것은 매우 효과가 있습니다.

도움을 주고 싶어 자발적으로 사람들이 모인다는 것은 정말 멋진 일입니다. 어떻게 일을 꾸려야 할까요? 이제 최고의 조언을 얻을 수 있으니 우리가 무슨 일을 할 수 있을지 궁금했습니다. 건설위원회의 내용은 흥미로웠습니다. 저는 항상 단순하고 엉뚱한 생각을 많이 하는 편입니다. 아마도 무엇이든 단순하게 만드는 재능이 있는 것 같습니다. 저는 "건물이란 무엇인가?"라는 질문을 해놓고 "어쨌든 기둥 네 개에 지붕이 얹혀 있는 것이지. 기둥은 문제가 안 되는데 지붕이 문제네"라고 단순하게 답을 내렸습니다. 저는 건설위원회가 가난한 나라에 적합한 지붕과 재료에 대한 적절한 연구가 필요하다는 조언을 해줄 거라고 생각했습니다. 그런데 위원회는 예상 밖의 지적을 했습니다. "아니죠, 건설에서 아쉬운 점은 건축 자재가 아닙니다. 건축가, 토목기술자, 벽돌공, 배관공들은 건축 자재에 관한 훈련과정을 거칩니다. 자재를 잘 아는 사람보다는 계약을 체결하고, 건설과 관련된 일을 총괄할 사람이 있어야 한다는 생각은 못 하셨군요. 설령 새로운 기술이 나와도 앞서 얘기한 건축가들 말고는 기술을 전수받을 사람이 없습니다. 처음부터 다시 시작해야 합니다. 그래서 건축 청부업자가 필요합니다." 조언자들을 모셔와 우리 입장만 떠드는 것이 모임의 의도가 아니었기에 이런 조언을 듣게 되자 "무엇을 해야 할까요?"라고 묻게 되었습니다. "건축 청부업자들을 양성해야 합니다"라니 우리가 할 수 있는 일일까요? 사람들이 훈련을 받으려 할까요?

나이지리아의 상황은 어떤지 한번 알아봅시다. 실제로는 나이지리아의 건설업자들이 가르치기 수월하고 쾌활한 사람들이라는 점을 알게 되었습니다. 그래서 몇 년에 걸쳐 원주민 가운데 건축 청부업자를 키우기 위해 필요한 교육자료를 검증하고 만드는 일을 했습니다. 나이지리아에서 시작된 이 일은 동아프리카와 그 밖의 지역으로 확산되었습니다. 훈련과정에 필요한 교육자료는 모두 준비되었지만 그렇다고 우리가 훈련 전문기관이 될 필요는 없었습니다. 이제 누구나 훈련을 시킬 수 있습니다. 거기에 필요한 지식이 모두 채워졌기 때문이죠.

그러고 나자 건설위원회는 이제 건설자재, 특히 지붕에 필요한 자재로 눈을 돌릴 때가 되었다고 제안했습니다. 다행히 제 직관이 틀리지 않았지요. 하지만 철재와 목재가 없는데 무엇으로 지붕을 만들 수 있을까요? 우리 조상들은 어떻게 했을까요? 조상들은 종종 지붕을 둥근 형태로 만들었습니다. 이 지혜를 어떻게 응용해볼 수 있을까요? 어떤 방법으로 해야 할까요? 나이지리아에는 대나무가 많습니다. 현대 과학을 빌리되 아주 간단한 기술로 마을 사람들 누구나 대나무를 이용해 손쉽게 지붕을 만들도록 할 수는 없을까요? 세계 여행을 할 때마다 저는 건설 관계자들에게 지붕을 만드는 데 어떤 자재를 쓰는지 물어보곤 했습니다. 어디는 골진 철재라 하고, 어디는 알루미늄이라 하고, 다른 데는 다른 재료를 말합니다. 하지만 아무도 연구를 해보지 않고 그저 말만 하고 넘어갔습니다. 지금 건설위원회가 지붕 건축 자재와 건축법에 관한 연구를 하기 시작했으니, 곧 아주 소박한 자재로도 놀라운 작업이 가능하다는 흥미로운 결과가 나올 것입니다.

이것이 중간기술개발그룹 ITDG의 구조입니다. 월급을 받는 상근 관리자까지 두고 위원회가 연구를 계속할 수 있도록 지원했지만 항상 성공적이었던 것은 아닙니다. 연구는 각각 별개의 프로젝트로 조직되고 개별적인 지원금으로 진행되었는데, 때로는 지원금을 얻는 데 실패하기도 합니다. 그러다 보면 상근자를 둘 수 없는 형편이 되기도 합니다만 어떤 식으로든 연구를 진행시키려고 노력합니다. 일반적으로 상근자는 연구수행을 도와줄 대리기관을 찾는 일을 합니다. 가령 농기구위원회는 전 세계를 뒤져서라도 정말 쓸모있는 농기구를 찾아내야 한다고 말합니다. 농기구들을 검증하여 확인한 뒤 작동조건을 살펴보고 설명서를 제작합니다. 설명서는 애매모호한 문구가 아니라 시골의 대장장이도 조금만 도와주면 그 자리에서 바로 쓸 수 있도록 쉽게 그림으로 제작합니다. 이 일은 누가 할 수 있을까요? 산업체가 할 일은 아닙니다. 학술기관에서 할 일입니다.

우리는 배드포드셔Bedfordshire에 있는 국립농업기술대학 National College of Agricultural Engineering으로 갔습니다. 그곳에서 우리는 국제적인 기구를 만들었습니다. 대학 측은 토지와 학생과 교수가 있었고, 우리에게는 다양한 장비의 견본이 있었습니다. 우리는 연구를 시작했고, 어느 정도 만족스러운 성과가 나오자 연속으로 책자를 발간했습니다. 간단하고 실제적이며 검증된 일련의 농기구 목록이 현재 여러 나라에서 도움을 주고 있습니다.

우리는 대학 연구진과 학생들에게 이와 같은 사고를 하도록 부추겼습니다. 덕분에 개발한 기계 가운데 '걸어 다니는 미니 트랙터'가 있습니다. 트랙터라는 엄청나게 비싼 2톤짜리 기계를 들판 여기저기 몰고 다니면서 박테리아가 살기 어렵게 흙을 단단하게 만드는 것은 정말 좋은 생각이 아닙니다. 박테리아들이 제대로 숨을 쉴 수가 없습니다. 그보다는 날이 굽은 쟁기를 끄는 것이 더 좋습니다. 트랙터처럼 육중한 하중으로 땅을 짓누르며 흙을 가는 기계 대신에 쟁기를 끌 수 있다면 더 쉽고 더 좋지 않을까요?

바니 머클 Barney Muckle이라는 공대생이 조상들은 반半고정 엔진을 사용했다는 것을 알아냈습니다. 물론 선조들은 이 방식을 완성해놓지 않아서 지금 그런 엔진은 없습니다. 그래서 팀을 하나 꾸려 옛 방식을 개선해보게 되었습니다. 그 뒤 '달팽이'라고 명명한 기계가 나왔습니다. 이 기계는 미국처럼 2,000에이커나 되는 넓은 농지를 단숨에 가는 데 적합하진 않지만 개발도상국에서 쓰는 데는 아무 문제가 없습니다. 오히려 개발도상국에서는 3, 5, 7에이커 정도의 농토에다 트랙터를 쓰는 게 더 성가십니다.

'달팽이'는 트랙터로 밭갈이를 할 때보다 에이커당 100분의 1 정도로 연료비가 적게 들어갑니다. 사실상 연료비 따위는 잊어버려도 됩니다. 이 장비는 구입할 때 드는 비용에서도 트랙터의 100분의 1 정도입니다. 작은 규모로 농장을 운영하는 가난한 사람들을 위한 기술입니다. 거듭 말씀드리지만 이 장비가 모든 곳에 적합한 것은 아닙니다. 그러나 분명한 것은 선택의 폭이 넓어졌다는 것입니다. 이 작은 엔진은 재봉틀처럼 생겼기에 겨드랑이에 끼고 다닐 수도 있습니다. 실제 현실에서는 이 기계보다 오히려 어린 수소가 더 정답인 지역도 있을 것입니다. '달팽이'는 사용할 때 사용자가 몸무게로 눌러주며 사용해야 합니다.

현실적으로 그나마 다행인 것은 '달팽이'는 석유를 조금씩 넣어주어야 하는 것 빼고는 소보다 더 낫다는 것입니다. 소처럼 우리에 넣고 먹이를 줄 필요도 없고 배설물도 나오지 않습니다. 소는 배설물을 내놓지요. 두 가지 가운데 어느 쪽이 더 나은지 따져봐야 합니다. 책상머리에 앉아서 따져볼 수는 없습니다. 실제 농사를 짓는 입장에서 따져봐야 합니다. 하지만 적어도 이제 농부들이 감당할 수 있을 만큼 저렴하고 연료비도 적게 드는 기계가 생겼습니다.

자료가 많이 모이자 본부에서 모두 가지고 나와 회사를 설립했습니다. 이렇게 해서 만들어진 중간기술출판사 Intermediate Technology Publications Ltd.는 전적으로 비영리 기관에 소속되어 있었지만 상업적인 원리로 운영되었습니다.

버마에는 도심에서 약 20~30마일 떨어진 곳에 영국군 기지가 있습니다. 기지 사람들에게 우편물을 전달하기 위해 영국군 당국은 말과 마차를 가지고 있는 인도인을 고용했습니다. 군 당국은 우편배달에 따른 경비는 지불했지만 운행에 드는 비용을 다 지불하지는 않았습니다. 인도인이 자기 마차에 승객을 태워도 되고, 기지에서 마을까지 가는 길은 바쁘게 걸어다니는 행인들로 항상 붐비고 우마차들도 천천히 다니고 있었기 때문에 손님을 태우기 쉽다고 생각한 것입니다. 1년 동안 우편물을 배달해주던 인도인은 1년이 다되자 이렇게 말했습니다. "이 가격으로는 이제 일을 할 수 없습니다" "왜 못 한다는 거지요?" "승객이 없기 때문입니다" "왜 승객이 타지 않나요? 마차는 편리하고, 거리에는 사람도 많고, 가격도 충분히 저렴하고, 사람들은 돈도 있는데요." 그때 곁에서 누가 말했습니다. 아마 이 친구는 하버드 경영대학원을 나왔나 봅니다. "그러지 말고 소비자에게 직접 물어봅시다!" 그래서 땡볕에 서서 20마일씩 걸어 다니는 소비자들에게 물어봤습니다. "왜 마차를 타지 않죠? 값이 겨우 2루피밖에 안 하는데요?" 사람들은 대답했습니다. "저 말들의 몰골을 보세요. 저 말들은 마차를 끌지 말아야 해요. 풀밭에서 쉬어야 합니다. 저렇게 야박한 대우를 받는 말 뒤에 앉아 염치없이 다니느니 차라리 걷겠어요."

사람들에게 보급하기에 앞서 효과가 있을지 확신이 서야 합니다. 가난한 나라의 여러 조건에서도 효과가 있을 뿐만 아니라 사회적으로도 받아들일 수 있어야 합니다. 농업위원회가 이룩한 발전은 꽤 만족스러웠습니다. 그럼에도 농업분야를 위한 기계화 노력은 완전히 실패로 끝나버려서 이유가 무엇인지 궁금했습니다. 단순하게 제초기를 들어 설명하자면, 누군가가 지나치게 훌륭한 제초기를 가져오기 때문입니다. 그 사람은 "이런 장비가 농부들에게 필요해요"라고 말합니다. 밖으로 나가 농부들에게 경이로운 기술을 보여줍니다. 농부들도 우리와 마찬가지로 기술에 매료되어 고개를 끄덕이게 됩니다. 그러나 1년 뒤 돌아가 보면 기계는 어디선가에서 녹이 슬고 있습니다. 농부들에게 전혀 쓸모가 없기 때문입니다. 따라서 먼저 사람들이 원하는 장비인지 확인해야 합니다. 일의 양이 엄청나게 많아져서 현재의 방법으로 더는 일을 제대로 할 수 없을 때가 바로 새 장비가 필요한 시점입니다.

기계를 가지고 작업할 때 첫 몇 달 동안은 일의 양을 측정해볼 필요가 있습니다. 그러면 모두가 들판에 나가 일할 때의 최고점과 아무 할 일 없이 둘러 앉아 시간을 보내는 최저점이 잘 드러나는 곡선을 얻게 됩니다. 최고점이 여러 번 나올 수 있습니다. 사람들이 힘에 부친 노동을 하고 있다는 뜻입니다. 그러면 도움을 주려면 바로 지금 돌파구를 찾아주어야 한다는 의견이 나옵니다. 이때가 기계의 도움이 필요한 시점입니다. 최저점에서의 작업은 일은 고된 데 비해 일을 할 사람은 적습니다. 이때 당장 사람들의 노동량을 줄여주려고 기계를 들여온다면, 단순히 마을에 잡동사니나 보태고 주민들의 주머니를 축내는 일에 지나지 않게 됩니다. 어쨌든 마을 사람들에게 도움이 되는 좋은 일이 아닙니다. 우리 작업은 매우 단순한 방식이기에 평가를 도와줄 학자가 필요한 것도 아닙니다. 그 정도 일을 해줄 만한 대졸자들은 우리 팀에도 있습니다. 우리는 나라 전체의 농업 기계화가 아니라 어느 정도 범위가 확정된 지역의 기계화에 대해 논의하자는 것입니다. 그런 경우 농부들이 무엇이 옳고 그른지 완벽하게 알기 때문에 기계화를 받아들이는 데 큰 문제가 없습니다. 가난한 나라의 농부들이 외부 원조에 현혹되지 않고 자기가 기계 비용을 갚아야 하는 처지가 되면 일을 빠르게 파악하게 됩니다. 우리 역시 돈이 없기 때문에 농부들이 알아서 갚아야 합니다.

지금까지 우리가 개발한 많은 기술은 자본을 절약하려는 의도에서 나온 것입니다. 자본절약형 기술들이기에 가난한 사람들에게 가까이 다가갈 수 있었지만 상당 부분은 지나치게 노동집약형 기술이어서 일을 너무 많이 해야 했습니다.

우리는 항상 개선방법을 찾았지요. 날마다 열심히 일만 하는 게 딱히 좋은 것은 아니기에 노동집약형 기술이 결코 바람직하다고는 할 수 없습니다.

산업계와 긴밀한 접촉을 하기 위해 중간기술산업서비스개발Intermediate Technology Industrial Services Development이라는 조직도 만들었습니다. 현재는 영국 정부의 해외개발부 지원을 받고 있습니다. 정부는 기업과 긴밀하게 협력하지 않으면 국정운영을 효과적으로 할 수 없다는 것을 잘 알면서도 복잡한 규정 때문에 기업들과 일하기 어렵습니다. 기업은 이렇게 생각합니다. "오, 여기 큰 돈주머니가 있군. 큰돈을 벌 수 있겠는데." 그러면 정부로서도 매우 힘들어집니다. 그래서 정부는 우리와 함께 일하고, 우리는 기업과도 함께 일합니다. 말하자면 우리는 서로 다른 속도로 달리는 두 개의 바퀴를 이어주는 차동기인 셈입니다.

두 가지 점이 더 있습니다. 우리는 가난한 사람들을 도우려 하지만 거기에 가난한 사람들만 있는 것은 아닙니다. 석유 수출국 기구OPEC의 몇몇 나라들은 필요한 만큼보다 더 많은 돈을 갖고 있습니다. 왜 석유 수출국 기구 국가들을 위해서까지 자선사업을 해야 합니까? 거기서 우리를 부를 때면 자선 모자는 던져버리고 장사꾼 모자를 씁니다. 이때 쓰는 장사꾼 모자가 바로 상업적인 이윤을 위해 세워진 중간기술

서비스회사 Intermediate Technology Services Ltd.입니다. 여기서 벌어들인 오일 달러는 다른 자선사업을 재정적으로 도와주는 데 쓰입니다.

마지막 문제는 도움이 필요한 제3세계 사람들에게 다가가는 방법을 찾는 것입니다. 200만 명의 마을 사람에게 어떻게 하면 다가갈 수 있을까요? 여기에 알려진 정답은 없습니다. 우리는 개발도상국에 함께 일할 파트너 조직을 만들어달라고 부탁합니다. 최근 몇 달 전에 방문했던 스리랑카의 예를 들어봅시다. 중간기술 조직이 콜롬보에도 있다면 런던에 있는 우리보다 스리랑카 사람들과 접촉하기가 더 쉽습니다. 세계 각지에 흩어져 있는 현지 조직들과 협력 네트워크를 구축하는 게 꿈입니다. 이미 많은 중간기술 조직들이 지역마다 세워졌습니다. 이 조직들은 우리 것이 아니라 그 나라의 것입니다. 완전히 토착적인 조직이지요. 때로는 우리보다 더 나은 조직도 있습니다.

몇 년 전의 기억을 더듬어보면 지금까지 가나와 인도가 가장 성공적이었습니다. 두 나라의 중간기술 조직들은 자기 힘으로 꾸려가고 있습니다. 그래서 우리 측으로 가나나 인도에서 도움을 요청하면 곧바로 가나의 쿠마시 Kumasi에 있는 기술자문센터 Technology Consulting Center나 인도의 러크나우 Lucknow에 있는 적정기술 개발협회 The Appropriate

Technology Development Association로 가라고 알려줍니다. 우리의 도움이 필요하면 물론 우리가 도와줍니다. 이런 식으로 네트워크를 만들어야 잘 운영할 수 있습니다.

부유한 나라에서도 마찬가지로 적용됩니다. 그다지 놀라운 일은 아니지만 실제로 부유한 나라도 자신들이 직면한 문제를 점차 깨닫고 있습니다. 농촌 지역 주민들이 도시로 빠져나가면서 제3세계에서만 필요하다고 생각했던 재개발이 필요하게 되었습니다. 그래서 부유한 나라에도 필요한 지역에 따라 중간기술 조직들이 많이 만들어지고 있습니다.

요약하면 중간기술개발그룹의 활동은 다섯 가지 확신에 바탕을 두고 있습니다. 먼저, 전 세계 빈곤의 근원이자 중심은 주로 가난한 나라의 농촌 지역인데 현재 시행되고 있는 원조와 개발은 여기에 못 미치고 있습니다. 농촌 지역의 경우 지역에 맞는 효율적인 작은 기술과 그 기술을 사용하는 데 필요한 도움을 얻지 못하면 앞으로도 계속 소외되어 도시로의 인구 유출뿐 아니라 실업도 더 늘어나게 될 것입니다.

원조국들과 원조기관들은 농촌개발을 효과적으로 도와줄 적정기술의 채택 및 실행과 관련된 체계적인 지식을 갖고 있지 않습니다. 개발에는 주어진 상황에 잘 맞는 올바른 '기술 수준'을 선택해야 하는 어려움이 있습니다. 기술을 선별해야 하는데, 이때 부유한 나라에 유용했던 기술 수준이 가난한 나라에서도 반드시 최선이며 유일하게 가능한 기술이라고 가정할 수 없습니다.

빈곤 상태의 개발도상국에 가장 잘 맞는 적정기술은 '중간'입니다. 상징적으로 말하자면 괭이와 트랙터의 중간, 혹은 팡가panga[17]와 콤바인의 중간을 말합니다.

'중간' 수준의 기술과 거기에 맞는 장비에 대한 지식과 경험은 분명 세계 여러 지역에 존재했지만 어떤 격차가 있는지는 잘 모릅니다. 어디에서 지식을 얻을 수 있는지, 언제 절실히 필요한 것을 구했는지 아는 사람이 거의 없습니다. 중간기술을 개발한다는 의미는 이러한 지식을 세상에 소개하고, 체계화하며, 필요하면 보완하는 한편 이런 지식을 쉽게 이용할 수 있도록 세계 전역에 연결된 '지식센터'를 만드는 것을 말합니다.

지난 10년간의 작업에서 얻은 여러 증거로 중간기술개발그룹이 메워야 하는 '지식 격차'가 엄청나게 넓다는 것을 알게 되었습니다. 노동력은 풍부하나 자본은 적고, 기술이나 조직적 정교함도 부족한 작은 규모의 공동체에서 이용했을만한 기술의 경우 대체로 문서화 작업이 빈약하여 기록을 구하기 어렵거나 아예 기록조차 없는 경우도 많습니다. '최선'

---

17 동아프리카에서 쓰는 날이 넓고 긴 칼.

을 쫓느라 '차선'마저 놓치게 되는 시대 흐름에 휩쓸려 과거에 있었던 훌륭한 지식과 장비가 사라져 버린 사례는 수도 없이 많습니다. 당연히 더 좋은 것을 쫓아야 진보하게 되고, 이런 흐름은 환영할 만한 것이겠죠. 적어도 그런 흐름이 '최선'을 누릴 형편도 안 되는 많은 사람들에게서 최소한 누릴 수 있는 '차선'이라도 앗아가지 않는다면 말입니다.

# 7

# 작은 일터가
# 일자리를 만든다

모든 걸 다 연구하려면 아무것도 할 수 없습니다.
서 있는 자리에서부터 시작해야지요.
올바른 일이라고 생각되면 바로 해야 합니다.
올바른 일을 하지 않는다는 건 곧
나쁜 일을 한다는 뜻이기 때문입니다.

잔치는 끝났고, 이제 우리는 잔치 이후 무슨 일이 벌어지고 있는지 봐야 합니다. 제 말은 세상의 종말이 임박했다는 뜻이 아닙니다. 지난 수백 년 동안 값싸고 풍부한 화석연료와 몇 가지 환상 덕분에 우리 사회에 형성되었던 어떤 특이한 생활방식이 이제 끝나간다는 의미입니다.

몇 가지 환상이란 무엇일까요? 말하자면 한바탕 잔치가 벌어졌고, 우리 가운데 일부는 신나게 즐겼습니다. 세 명의 위대한 마법사 혹은 요술쟁이가 잔치를 즐겁게 만들었습니다. 첫 번째 마법사는 모든 자연법칙을 깨고 유한한 환경에서도 무한성장이 가능하다는 환상을 우리에게 심어주었습니다. 물론 이 환상은 오랫동안 많은 공격을 받았지만 결정적으로

「성장의 한계」[18]라는 보고서로 완전히 깨져버렸습니다. 이제야 인류는 귀를 기울이기 시작합니다. 인간의 목소리가 아닌 컴퓨터가 알려주었기 때문입니다.

두 번째 마법사는 기괴한 자연법칙을 들먹이며 아주 적은 임금으로도 단순하고 지겨운 일을 계속할 노동력이 무한히 공급될 것이라고 말했습니다. 이런 환상은 노예제 사회에서 노예에 대해 가졌던 환상과 유사합니다. 이제 노예들은 깨어나기 시작했고, 자신들이 없으면 더는 잔치를 벌일 수 없으며, 자신들이 주인보다 훨씬 더 필요한 존재라는 사실을 알게 되었습니다. 이것은 권력 관계의 근본적인 전환을 의미합니다. 하지만 모든 나라에서 똑같이 일어나는 것은 아닙니다. 어떤 나라는 더 진척되었고 어떤 나라는 아직 뒤쳐져 있습니다. 이제 산업체제 전체를 다시 살펴봐야 합니다.

세 번째는 과학이 모든 문제를 해결할 수 있다는 환상인데 이 마법사는 여전히 활개를 치고 있습니다. 저 역시 문제의 범위가 명확하게 한정된 경우 과학이 개별적인 문제들을 해결할 수 있다고 의심하지 않습니다. 그러나 과학이 A라는 문

---

18 1972년에 국제연구기관인 로마 클럽이 발표한 보고서. 경제성장과 과학이 환경에 끼치는 부정적 영향에 대한 전망을 담고 있다. 이 보고서에 따르면 지금의 성장속도에 변화가 없는 한 인구증가, 공업화, 환경오염, 식량감소, 자원고갈로 인해 인류는 향후 100년 안에 성장의 한계에 도달하게 된다. 이 보고서는 출간 즉시 세계적인 베스트셀러가 되었으며 자원고갈과 성장의 한계에 대한 전 지구적 관심사를 불러 일으켰다.

제를 해결하면 다른 새로운 문제들이 무더기로 생겨난다는 것도 경험으로 알고 있습니다. 지금까지 인류 역사상 존재했던 과학자들의 수를 합한 것보다 우리 시대의 과학자 수가 더 많다는 점을 생각해보십시오. 이들은 모두 무엇을 하고 있을까요? 물론 매우 유능하게 문제를 풀고 있습니다. 그래서 우리가 문제로부터 벗어나게 될까요? 아닙니다. 문제는 점점 더 많아집니다. 마치 밑 빠진 항아리와 같습니다. 문제를 해결하는 속도보다 더 빠른 속도로 새로운 문제들이 생겨납니다.

따라서 도대체 여기서 무슨 일이 일어나고 있는지 물어야 할 때가 되었습니다. 인류 역사상 전례가 없는 뛰어난 기술력으로 성공의 정점에 서 있는 지금, 인류는 오직 살아남을 수 있느냐는 문제만 걱정하게 되었습니다. 우리 조상들은 어땠습니까? 분명히 조상들은 과학자 없이도 아무 문제 없이 생존했습니다. 그러니 물질적으로 최상의 삶을 추구해온 오늘날의 기술 발전에 도대체 무슨 문제가 있는지 물어야 합니다. 마법사들이 모두 가짜고 환상이라고 밝혀졌는데도 아직도 우리는 마치 이들이 다시 돌아올 것처럼 서로에게 주문을 겁니다. 이들은 돌아오지 않습니다. 아니 돌아올 수 없습니다. 풍부한 화석연료와 언제라도 이러저리 등 떠밀려 조립라인에 배치될 수 있는 풍부한 노동력 덕분에 지금의 기술이 나왔기 때문입니다.

이 기술은 자연의 모든 생명체에게 매우 불친절합니다. 자연은 몇 번의 공격은 참아낼 수 있지만 참는데도 한계가 있습니다. 설사 몇 군데라 하더라도 대규모로 공격하게 되면 생태계에 커다란 문제가 생깁니다. 이 기술은 천연자원, 특히 연료에 대한 편식이 심각합니다. 정확한 시기에 대해서는 논란의 여지가 있지만 화석연료, 제 식으로 말하자면 자본연료의 사용을 훨씬 더 줄이고 대체연료 income fuel를 활용할 수 있는 방법을 배워야 할 때가 조만간 올 것입니다. 저는 생각보다 훨씬 빨리 올 것으로 봅니다. 하지만 대체연료의 양은 적으며, 어마어마한 연료 집중화에 토대를 둔 대규모 기술로는 이런 대체연료를 이용할 수 없습니다. 그 밖의 다른 문제들도 기술 발전과 밀접한 연관이 있습니다. 이 기술은 한때는 자기식의 논리를 갖추고 있었지만 이제 더는 논리적이지 않습니다. 우리는 지난 수백 년간 내려온 이 거짓 유산을 버리고 탈출할 방법을 찾아봐야 합니다.

무엇을 할 수 있을까요? 우리는 해결할 수 있는 문제에 관심을 가져야 합니다. 한 노파와 젊은 여성이 나눴던 대화가 생각나는군요. 곧 결혼을 앞둔 젊은 여성은 오랫동안 결혼 생활을 잘해온 노파에게 남편과 의견을 조율하려면 어떻게 해야 하는지 물어봤습니다. 노파는 아주 쉬운 일이라며, 자신은 중요하지 않은 일을 결정하고 남편은 중요한 일을 결정한다고 말했습니다. 젊은 여성이 예를 들어달라고 하자 노파는 가령 월급을 어떻게 쓸지, 아이들을 어떤 학교에 보낼지, 이사를 가야 하는지, 어디에 살지는 자신이 결정한다고 말했습니다. 그러자 젊은 여성은 그러면 도대체 남편은 무슨 큰일을 하느냐고 물었습니다. 노파는 "큰 문제들은 남편 차지지. 그러니까 중국이 유엔 회원국이 될 수 있느냐, 아니면 미국 정부를 개혁하려면 어떻게 해야 하느냐 같은 것들이지"라고 대답했습니다.

우리도 이런 태도로 일을 대하고 있습니다. 큰 문제에 대해서는 과도하게 머리를 쓰면서도 구체적으로 무엇을 할 수 있는지, 나아가 뭔가를 하는 것 자체가 즐거움을 준다는 사실은 깨닫지 못합니다. 막상 실제로 일을 시작해보면 그렇게 많은 이론과 생각에 매이지 않고도 잘할 수 있다는 점에 놀라게 됩니다. 일의 성공 여부를 따지며 골치를 앓거나 부담스러워하지 말고 올바른 일이라고 생각되면 바로 해야 합니다. 올바른 일을 하지 않는다는 건 곧 나쁜 일을 한다는 뜻이고, 그렇게 되면 사회의 치료제가 아닌 병균이 되어버리기 때문입니다.

저의 유일한 관심사이자 진짜로 우리가 해야 할 유일한 일은 스스로를 돌볼 수 없는 힘없는 사람들을 최선을 다해 보살피는 것입니다. 사회에서 받은 교육과 혜택을 이용하여 또 다른 특권층이 되고자 노동조합이나 만든다면 우리 삶은 가치가 없다는 어두운 생각이 영혼을 짓누르게 될 것입니다. 혼자 힘으로 설 수 없는 약자들은 아주 소박한 것을 원합니다. 달나라에 가고 싶다는 게 아닙니다. 그저 어디서 내일의 양식을 얻을 수 있는지 알고 싶을 뿐입니다. 가난한 사람들은 들어가 살 집과 입을 옷과 약간의 문화를 원할 뿐입니다. 같은 공동체에 사는 이웃으로서 우리가 가진 일부나마 이들의 소박한 요구를 보살피는 데 쓸 수 있다면 길은 순탄하리라 생각됩니다. 우리는 서로 나누어야 합니다. 그 일은 누구나 함께 할 수 있는 일입니다.

요즈음 중국에 대해 관심 있는 사람들이 많습니다. 중국의 모습은 20세기에 일어난 가장 큰 변환이기 때문입니다. 수십 년간 죽을 정도로 병약하던 거대한 나라가 갑자기 한 세대 만에 탈바꿈하고 있습니다. 사람들은 먹고, 즐거워하고, 누구나 열심히 일을 하고, 단조로워도 적당한 의복을 입고, 아이들은 놀라울 정도로 건강하고 쾌활하며 명랑합니다. 1920~1930년대의 중국과 비교해보면 기적과 같은 전환입니다. 물론 아직도 매우 가난한 사회지만 가난해도 기본적인 욕구가 충족되는 사회입니다.

많은 일이 일어났습니다. 중국은 청나라가 멸망한 1911년부터 마오쩌둥毛澤東이 중화인민공화국을 세웠던 1948년에서 1949년까지 가장 극심한 고통을 겪었습니다. 중국이 한창 고통에 시달릴 때 매우 비상한 지성과 재능을 지닌 마오쩌둥과 저우언라이周恩來와 같은 인재들이 나타났고, 중국 대륙에 새로운 사회를 건설했습니다. 경제학자로서 보자면 이들의 가장 큰 업적은 바로 중국 경제를 다른 방향으로 전환한 것이라고 생각합니다. 서구식 경제학은 외국에서 물건을 더는 싸게 들여올 수 없을 때가 될 때까지 아무 일도 하지 말고 아무것도 생산하지 말라고 합니다. 풍요로운 환경을 가진 푸에르토리코에 갔더니 당근을 미국의 텍사스에서 수입하고 있었습니다. 텍사스산 당근이 국내산보다 값이 더 싼 이상 푸에르토리코 농부들은 당근을 재배할 수 없습니다. 바로 이것이 지금의 시스템입니다.

중국인들이 이것을 뒤집어버렸습니다. 중국인들은 자기가 만들 수 없다고 확신하지 않는 한 외국에서 사들여 와서는 안 된다고 말합니다. 문제는 너무나 간단합니다. 더 싸게 사올 수 있다면 생산하지 말아야 한다, 이렇게 생각하면 발전이 저하됩니다. 반면에 확실히 만들어낼 수 있는 한 사오지 말아야 한다는 것은 경제학적으로 말하자면 사람들에게 일자리를 주고 도전하게 만듭니다.

중국인들은 대학생 한 명을 1년 동안 가르치는 데 농부 한 명이 30년간 농사를 지어야 한다는 사실에서 중요한 사상을 만들었습니다. 만약 졸업까지 5년간 대학교육을 받는다면 농부는 150년 동안 일을 해야 합니다. 그러자 노년의 근엄한 마오쩌둥은 이렇게 말했습니다. "청년들이여, 그 대가로 농부는 무엇을 얻게 되는가? 중국은 위대한 농민의 나라다. 너희들은 농부들의 희생으로 학업을 해왔다. 농부가 150년 동안 일한 대가를 다 써버렸다. 화려한 상해의 번화가 대신 시골벽지로 내려가 그동안 배운 것으로 농부들에게 진 빚을 갚아라." 대학생들은 농촌으로 내려갔지만 막상 농부들을 위해 할 수 있는 게 아무것도 없다는 사실을 알게 되었습니다. 지금까지 학교에서 배운 것이 전혀 쓸모가 없었습니다. 심지어 마을 전체를 팔아도 사기 어려운 유아용 저울이 없으면 아기들의 몸무게조차 재지 못했습니다. 학생들은 돌아와 이렇게 말했습니다. "우리는 대학에서 농촌에 도움이 될 만한 것을 배우지 못했습니다." 이 지적은 대학의 교과과정에 마술 같은 영향을 끼쳤습니다.

학생들은 다음 단계로 나아갔습니다. '학습과 노동을 함께 해야 한다', '두 발로 걷는다'는 생각은 전형적으로 중국식 개념입니다. 얼마간 공부를 했으면 얼마간은 노동을 해야 합니다. 누구도 손발에 흙을 묻혀선 안 될 만큼 고귀한 사람은 없습니다. 누구나 실제 현실을 접해야 합니다. 노동을 하지 않으면 현실을 알 수 없습니다. 오직 책에 적힌 이론만 알게 될 뿐입니다. 이렇게 해서 중국인들은 소규모의 기술 경험이 어디에서든 필요하다는 주장을 하게 되었습니다.

중국의 대전환은 실천을 통해 배운다는 사상에 바탕을 둔 것입니다. 편협한 극좌파들처럼 오직 노동자만이 안다는 뜻이 아닙니다. 마오쩌둥의 가르침에 따라 관리자나 지식인도 현장으로 내려가서 노동자들로부터 배워야 한다는 생각입니다. 그런 다음 현장에서 배운 것을 가져와 연구하여 이론을 만든 뒤 다시 현장으로 돌아가서 노동자들을 가르쳐야 한다는 것입니다. 이것이 올바른 과정입니다. 노동자로부터만 배우거나 혹은 관리자로부터만 배우는 식으로 반쪽이 되면 이론은 무용지물이 됩니다.

중간기술개발그룹이 제3세계에만 심혈을 기울인다고 지적하는 분들이 많습니다. 선진국에서도 "우리는 어떡하느냐? 우리도 중간기술, 우리에게 맞는 효율적인 기술이 필요하다"라고 말합니다. 캐나다의 농촌 지역인 사스캐처원의 주민들은 이렇게 얘기합니다. "당신들이 농촌 지역에 필요한 중간기술을 다루고 있다고 들었습니다. 그럼 이곳은 어떤지 한번 와보십시오. 우리는 토론토의 '식민지'입니다. 여기는 오로지 밀, 밀, 밀뿐인 단작문화입니다. 생활은 견딜 수 없을 정도로 지루해졌습니다. 한때 우리가 직접 만들곤 했던 물건들이 지금은 토론토에서 셀로판지로 포장되어 옵니다. 젊은이들은 모두 여기를 떠나고 있습니다. 사스캐처원 주민들의 평균연령이 66세입니다. 죽어가는 사회지요! 우리도 죽은 사회가 되는 게 싫습니다. 젊은이들도 고향을 떠나 토론토에서 복닥거리며 살고 싶어 하지 않습니다. 하지만 여기는 밀 빼고는 아무것도 없습니다. 그러니 여러분이 갖고 있는 중간기술로 우리를 좀 도와주세요."

점심시간이었고 그들은 제게 빵을 대접했습니다. 저는 이 지역을 상징하는 빵을 보며 물었습니다. "이 빵은 어디에서 왔습니까?" "토론토요." "그러면 이 빵의 재료인 밀은요?" "아, 아마 여기서 나왔겠지요." "저런, 그럼 왜 사스캐처원에서 직접 빵을 만들지 않지요?" "예? 지금 이런 시대에? 그건 조금도 경제적이지 않으니까요." 저는 분명히 답변했습니다. "결정하시죠. 경제적으로 살다가 죽고 싶은지, 아니면 경제적이지 못해도 살고 싶은지!"

이 사람들이 재능을 발휘하여 지역에 맞는 소규모 기술을 체계적으로 개발한다면 원하는 삶을 살면서도 경제성까지 얻을 수 있을 겁니다. 하지만 당장 눈앞에 보이는 것 말고는 아무것도 상상할 수 없는 사람들에게 이런 식으로 빵을 만들어 판다는 것이 쉬운 일은 아닙니다. 그들은 저에게 "우리가 평생 경험한 것과는 반대로 말씀하시는군요. 말도 안 되는 생각입니다"라고 말했습니다.

한번은 영국에 있는 벽돌업체와 흥미로운 협상을 벌인 적이 있습니다. 100년 전에는 벽돌 공장에서 일주일에 벽돌을 만 개 생산했습니다. 약 50년 전에는 10만 개, 약 10년 전에는 100만 개, 지금은 200~300만 개 정도의 벽돌을 생산합니다. 무엇을 의미할까요? 이렇게 생산규모가 커지면 주변에 큰 시장을 끼고 있다는 뜻이거나 아니면 운송하는 데 단단히 고생할 각오를 해야 한다는 뜻입니다. 운송비, 기름값, 인건비가 올라 벽돌 한 장을 200마일 떨어진 지역으로 운반하는 비용이 벽돌을 찍어내는 만큼 들게 됩니다.

그러니까 거대한 벽돌 공장 하나가 전국에 흩어져 있는 시장에 벽돌을 공급하는 것은 경제적으로 보자면 말이 안 됩니다. 이 경제적 넌센스는 효율적인 미니 벽돌 공장이 만들어지지 않는 한 해결되지 않습니다. 지금은 아무도 이 일이 가능하다고 믿지 않기에 벽돌값은 더욱 올라갑니다. 상황은 알아서 좋아지지 않습니다. 우리의 과제는 대기업에 있는 친구들을 설득하여 설계 연구를 부탁하는 일입니다. 시간이 걸리는 일이며 개발도상국에서는 어려운 과제입니다. 우리의 벽돌 전문가들은 대규모 시장이 있는 영국의 브리스톨 인근에는 큰 벽돌 공장을 설계하는 한편 가나에는 소규모 벽돌 공장을 설계했습니다.

종이 재활용에 대해서도 말이 많은데, 정말 현실적으로 이 문제를 생각해봤을까요? 여기 큰 제지 공장과 큰 인쇄소, 큰 신문사, 가령 『뉴욕 타임스』가 있다고 해봅시다. 신문은 전국으로 흩어집니다. 여러분이라면 그 종이를 모두 수거하여 한곳으로 모아올 수 있겠습니까? 그건 어리석은 짓이며, 돈이 될 리도 없습니다. 운송하는 데 비용이 너무 많이 듭니다. 일단 흩어지고 나면 재활용은 작은 단위로만 가능합니다. 일전에 이런 이야기를 했더니 영국에서 가장 규모가 큰 제지회사 간부 한 명이 상당한 흥미를 가지고 들었다며 우리가 실제로 그런 작업을 하고 있는지 물어왔습니다.

저는 "당연하죠. 우리도 소규모의 종이 재활용 공장을 세우기 위해 모든 노력을 다하고 있습니다. 큰 공장이 있는 것은 알지만 큰 공장은 아주 거대한 광역도시에나 맞습니다"라고 대답했습니다. 그는 이렇게 말하더군요. "네, 물론 작은 규모로도 세울 수 있겠지요. 그런데 한 번도 진지하게 생각해본 적이 없네요. 하지만 우리에게 연구용으로 고려 중인 미니 공장이 있습니다. 한 번 오셔서 보시지요." 우리는 그들을 만나러 갔고, 결론부터 말하자면 이런 대답을 들었습니다. "슈마허 씨 말이 맞습니다. 이것이 앞으로 유망할 것 같군요. 미니 공장을 완성하는 데 저희가 가진 자원을 다 쓰셔도 됩니다. 설계 연구는 이제 끝났으니 비용도 더 들어가지 않습니다. 무엇이 나올지 알기 때문이죠."

그러면 한번 생각해봅시다. 저 사람들은 그냥 인심이 후한 사람들일까요? 비즈니스에서는 '누이 좋고 매부 좋고'란 말이 있는데 우리에게 모든 시설을 주는 대신 저들이 얻는 이익은 무엇일까요? 저 사람들이 진짜로 솔직하다면 이런 사실을 얘기했겠지요. "우리의 성장규모와 조직구성으로 볼 때 500만 파운드짜리 공장 하나 정도는 일정기간 운영할 수 있겠지요. 하지만 수백 개가 되면 감당하기 어려워집니다. 여러분이 이 분야를 개척한다는 사실을 알고 우리는 매우 기뻤습니다. 왜냐하면 준비가 다 되면 우리의 구명보트로 쓸 수 있으니까요."

한번은 영국 남부에 있는 매우 큰 농장에 초대받은 적이 있습니다. 농장의 소유주는 토양협회 회원이었습니다. 그분은 1947년 협회 설립 때부터 회원이었지만 실제로 자기 농장은 화학 의존도가 높은 완전히 다른 방식으로 운영하고 있었습니다. 그는 자신의 농장이 얼마나 산업시스템에 의존하고 있는지 보여주면서 만약 뭔가 일이 잘못되면 농장이 망해버리지 않을까 깊이 염려하고 있었습니다.

그는 불행했습니다. 너무 커서 랜드로버 차량을 타야 다 돌아볼 수 있는 농장을 함께 둘러보다가, 차를 세우고 이렇게 말했습니다. "저 땅이 보이십니까? 200에이커의 땅인데 판다고 합니다. 제가 살 생각입니다. 저 땅을 사면 제 농장의 모습이 마무리됩니다." 저는 "그 땅을 다 어떻게 경작하실 생각입니까?"라고 물었습니다. "아마도 지금 있는 2,000에이커와 같은 방식으로 해야겠죠." 저는 "왜 그렇게 하시려고요? 조금 전까지 올바른 시스템이 없다고 걱정하시지 않으셨나요? 그러지 말고 이 땅을 구명보트로 만들어보세요. 대안 시스템을 배우세요. 책에서 배울 수 없으니 직접 해야 합니다"라고 말했습니다.

그가 대답했습니다. "당신 말이 전적으로 맞습니다. 우리가 해야 할 일이지요. 하지만 사실은 제가 소유주가 아니고 회사가 소유한 땅입니다. 그런데 제 동료 이사들이 찬성할지 확신이 서지 않습니다." 동의를 받는 데 6개월이 걸렸고, 이사진들이 찬성해서 매우 기쁘다는 편지를 보내왔습니다. 그래서 정반대의 방식, 즉 거대한 산업시스템에 의존하지 않는 유기농업과 같은 방법을 시도함으로써 이 농장을 구명보트로 만들 수 있게 되었습니다. 나중에 알게 된 사실이지만 그가 말한 동료 이사들이란 다름 아닌 아들과 조카였습니다. 너무 화목한 가족인 셈이죠.

어디에서 지원을 받을 수 있고, 어디에서 반대에 부닥칠지 살펴보는 것은 흥미로운 일입니다. 지원은 주로 큰 사업을 하는 사람들이 해줍니다. 이들은 평생을 현실과 부딪치며 살아왔기에 일에 대한 이해가 빠릅니다. 이상하게도 가장 깨어 있어야 할 지식인들이 반대합니다. 황당한 반응을 보이며 귀찮아하고 이상한 질문이나 합니다. "당신 말이 맞다고 합시다. 하지만 중간기술을 들여와도 나중에 다시 거대기술이 되지 않는다고 누가 보장합니까?" 이것은 공허하고 허튼 질문입니다. 이런 질문도 합니다. "다 좋습니다만, 지금 시스템에 안 맞기 때문에 아무것도 할 수 없습니다." 그런 뒤 성장을 옹호하는지, 혹은 반대하는지 따지는 토론 자리로 저를 끌어들이려고 합니다. 지식인들의 이런 태도는 우려스럽습니다. 우리에게는 큰 사업을 해본 사람들의 열린 자세, 현실 감각, 강인함이 필요하고 실제로 도움이 됩니다. 동시에 지식인들, 가령 언어를 다루는 사람, 의사소통 전달자, 연구자, 그리고 물론 공무원들도 필요합니다.

중간기술에 대한 관심은 몇몇 선진국에서 활발하게 일어나고 있습니다. 예를 들면 영국에서 가장 큰 주州는 요크셔입니다. 많은 요크셔 사람들이 자신들의 문제도 해결해달라고 부탁합니다. 저는 이렇게 말합니다. "안 됩니다. 우리는 제3세계를 위해 일하고 있습니다. 그게 저희가 하려는 일입니다. 하지만 여러분의 말도 맞습니다. 한번 여러분이 직접 요크셔에 중간기술센터를 세워보는 게 어떻겠습니까?" 처음에는 이상하게 들렸을지 모르겠지만 자신을 영국의 대들보로 생각하는 요크셔 사람들이 곧 긍정적인 대답을 보내왔습니다.

실업률은 증가하는데 중앙정부는 복지예산할당을 줄이고 있습니다. 왜 우리가 직접 하면 안 되겠습니까? 왜 우리의 작은 두 발로 서서 이웃들에게 일자리를 만들어주지 못하겠습니까? 물론 우리가 실직당한 사람들에게 그동안 사회가 제공했던 많은 일자리를 만들어 줄 수는 없습니다. 자본금 5만 달러의 작은 일터는 거대 시스템에서는 나올 수 없는 규모의 회사입니다.

우리는 매우 적은 자본으로도 생산성을 높일 수 있는 중간 기술을 만들어 사용할 수 있습니다. 저는 여러분에게 적은 자본으로도 많은 자본을 들인 경우보다 더 높은 생산성을 얻을 수 있다는 것을 계속해서 보여드릴 수 있습니다. 지금 달 탐사선이나 항공기 산업에 대해 말하는 것이 아닙니다. 인간의 삶에서 가장 기초적인 것들, 가령 시멘트와 같은 건축 자재에 대해 그렇다는 것입니다.

그렇습니다. 소규모 시멘트 공장을 세울 수는 없을까요? 시멘트를 한곳에서만 생산해서 전국으로 실어 나를 필요가 있을까요? 개발도상국이나 농촌 지역, 그리고 부유한 나라의 변두리에도 시멘트에 대한 요구가 많습니다. 하지만 사람들의 머릿속에는 시멘트하면 오직 포틀랜드가 유일한 시멘트 생산지로 떠오르고, 시멘트는 대규모로 생산하는 게 효율적이라는 생각이 꽉 차 있기 때문에 소규모의 시멘트 공장을 세우는 것은 불가능합니다. 포틀랜드 시멘트가 만들어지는 정확한 공정을 이론적으로 이해하기는 힘듭니다. 아마도 좀 더 알아야 미니 공장을 세울 수 있을 겁니다. 하지만 방법을 모색하는 와중에 이런 질문을 해볼 수 있지 않을까요? 왜 꼭 포틀랜드 시멘트여야 합니까?

유럽과 아시아에 가보면 매우 웅장하고 근사한 건축물들을 볼 수 있습니다. 타지마할이나 유럽의 성당들은 포틀랜드 시멘트로 만들어지지 않았지만 여전히 건재합니다. 왜 우리는 포틀랜드 시멘트만 고집할까요? 고층건물을 짓는 데는 포틀랜드 시멘트가 필요할지 모르지만 그런 경우는 소수입니다. 대부분의 건물은 고층건물이 아닙니다. 시멘트와 유사한 다른 종류의 건축 자재는 없을까요? 포틀랜드 시멘트를 만드는 데 필요한 열의 절반 정도로 모르타르가 될 수 있는 물질들은 많습니다. 인간의 기본적인 욕구를 충족하는 데 이런 물질로도 충분하며, 소규모로 생산이 가능합니다. 다른 분야에도 비슷한 사례가 많습니다.

다시 요크셔로 돌아가 봅시다. 요크셔 사람들은 말합니다. "우리도 이 새로운 지식에 참여하고 싶습니다. 모든 새로운 가능성을 보고 싶습니다. 우리와 함께 일해주시겠습니까?

개발도상국을 도와주든 영국을 도와주든 신경 쓰지 않겠습니다. 매우 적은 자본과 가능하다면 색다른 에너지 자원을 이용하여 소규모로 시멘트를 생산하고 인간적인 규모로 벽돌을 생산하면 되기 때문입니다. 소규모이니까 우리 이웃의 실업자들에게 다시 일자리를 주고 우리 힘으로 보살필 수 있기 때문입니다." 이런 생각은 유럽으로도 퍼지고 있습니다. 미국에서도 좀 드물지만 아름다운 일들이 일어나고 있습니다. 미국은 매우 큰 나라이니까 전국에 걸쳐 이런 생각이 커질 수 있습니다.

전 세계적으로는 아직 이런 수준의 기술과 사고방식에서 떨어져 있는 외로운 농부들이 많습니다. 하지만 점차 네트워크가 만들어지고 있습니다. 그렇게 되면 경험을 공유할 수 있습니다. 현재 이런 단체가 전 세계에 20개 정도 있으며, 편견을 버리고 새로운 환경에 적응하는 것이 바람직하다고 생각하고, 그게 실제로 가능한 일이 되게 노력하는 열정적인 사람들로 가득합니다. 실제로 가능한 일일 뿐만 아니라 비용도 매우 적게 듭니다.

최근 경험을 예로 들면서 마치도록 하겠습니다. 저는 합판을 처음 만든 발명가를 알고 있습니다. 독일인으로 이름은 막스 힘멜헤버 Max Himmelheber인데 '하늘을 들어 올리는 자'라는 뜻입니다. 막스는 낙천적인 사람이었는데, 자식도 없이

70살이 되자 이렇게 말했습니다. "이만큼만 내게 필요하고 나머지는 필요 없습니다." 그는 힘멜헤버 재단을 세우고 자금을 어떻게 운용할지 자문을 구했습니다. 그는 현실적으로 생각을 했고, 걱정을 많이 했습니다. 미래의 에너지 공급에 관한 저의 예측을 들은 뒤 새로운 기관이 필요하다고 보아 연구소를 세우는 데 돈을 전부 기부하겠다고 말했습니다. 그는 "전부 다 연구해야 할 텐데 당신 친구들은 큰 자본도 없이 어떻게 모든 것을 다 연구하려 합니까?"라고 물었습니다. 저는 이렇게 대답했습니다. "모든 걸 다 연구하려면 아무것도 할 수 없습니다. 서 있는 자리에서부터 시작해야지요. 목재 전문가시니 잘 아시겠지만 전 세계에 당신이 세운 합판 공장은 하루 평균 1,000톤이라는 엄청난 생산능력에 비현실적인 자본비용이 들어가는 괴물입니다. 이런 공장에는 미래가 없습니다. 소규모 합판 공장이 필요합니다. 지역의 자원을 활용해 지역에서 만들어 지역에서 사용하자는 것입니다. 한번 설계를 해보십시오. 당신이야말로 이 일을 하실 수 있는 적격자입니다."

그는 갑자기 깨달았습니다. 마치 눈에서 장막이 벗겨진 것처럼 이해했습니다. 그는 "네, 이제 알겠습니다. 도처에 흩어져 있는 작은 공장들. 재미있겠네요. 경영하기도 쉽고, 어른 한 명에 아이 한 명 정도면 되고, 계란판 나르는 것처럼 간단하겠네요"라고 말했습니다. 그는 회사 기술팀에 가서 소규모 합판 공장을 설계할 수 있도록 연구해보라고 했습니다. 사람들은 그가 미쳤다고 생각했습니다. 저는 최소한에서 시작했습니다. "하루에 1톤 정도면 어떨까요?" 하루에 1톤은 불가능해도 6과 1/2톤은 가능했습니다. 거의 실패할 듯하자 연구자들은 권위와 지식을 동원하여 이것은 처음부터 무리한 계획이라고 말했습니다. 그들이 내린 판결은 제가 합판 생산에 대해서 아무것도 모르니 입을 다물라는 것이었습니다. 저는 매우 조심스럽게 경청했습니다. "마지막 공정에서 섬유질을 재혼합하기 위해서는 거대한 프레스가 필요합니다. 하루에 1톤도 안 되는 적은 양으로는 프레스 할부값도 감당 못합니다." 그런 다음 다행히도 표준 크기의 보드를 만들어야 한다는 말을 덧붙였습니다. 그 말을 듣자마자 이렇게 물었습니다. "어떤 크기라고요?" "표준 크기요. 8피트입니다" "어떤 크기로도 만들 수 있습니까?" 그렇게 해서 이 최고의 전문가들은 표준 크기가 아닌 누구든지 어떤 목적으로 사용해도 아무 문제가 없는 적합한 크기의 보드를 설계하게 되었습니다.

이런 작은 모험담이 지금으로서는 큰 의미가 없을지 모르지만 이런 경험들은 미래에 자립적으로 생존할 수 있는 방법이 오늘 우리 눈앞에 보이도록 만들어줍니다.

# 8

# 일의 즐거움이 없다면
# 삶의 즐거움도 없다

예술가가 특별한 인간이 아니라
모든 인간이 특별한 예술가입니다.
이것이 바로 좋은 노동의 형이상학입니다.

좋은 노동이란 무엇인지, 좋은 노동을 위한 교육은 무엇인지에 대해 의미 있는 토론이 되려면 먼저 '인간이란 무엇인가?' '인간은 어디에서 오는가?' '삶의 목적은 무엇인가?'라는 질문부터 분명히 생각해봐야 합니다.

이 질문이 '선先과학적 pre-scientific'이라는 점은 잘 압니다. 어느 과학자의 말대로 현대 물리학과 생물학 어디에도 분명 이런 질문은 없습니다. 아마 이 과학자는 오직 물리학과 생물학으로만 인간이란 무엇인가에 답을 해야 한다고 생각한 듯합니다. 어떤 면에서는 옳다고 하겠습니다. 그러나 이것이 사실이라면 '교육'에 대해 논의하는 것은 아무 소용이 없습니다. 인간이란 무엇인가라는 물음이 선과학적이라면 그 사실 자체가 과학이 인간의 삶을 인도하는데 본질적으로 중요하지 않다는 의미가 될 수 있습니다. 선과학적인 질문에 대해 먼저 좋은 답을 찾아보는 것이 훨씬 중요합니다.

정확하게 진술, 측정, 계산, 계량할 수 있는 것만 중요하고 나머지는 중요하지 않다고 한다면 '교육'이나 '좋은 노동'이 무슨 의미가 있을까요? 수학이나 기하학, 물리학이나 화학은 좋거나 나쁜 것, 혹은 고귀하거나 저속한 것 같은 질적인 개념을 받아들일 수 없습니다. 이런 학문들은 많거나 적다는 식의 '양적'인 개념만 수용합니다. 교육을 많이 받았는지 적게 받았는지, 일을 많이 하는지 적게 하는지는 쉽게 구별하겠지만 교육이나 노동의 '질적' 평가에 대해서는 어떨까요? 어떻게 가능하겠습니까? 흔히들 순전히 주관적인 것이라고 합니다. 측정될 수 없으니 객관화될 수 없고, 따라서 누구도 추측할 수 없다고 합니다.

데카르트적 인식론이 가져온 혁명은 '인식의 지도'에서 신과 인간을 이어주던 수직적 영역을 제거함으로써 이제 수평적 영역만 남게 되었다는 데 있습니다. 과학은 평평한 수평선을 걸어가는 데 훌륭한 안내자였습니다. 과학은 무엇이든 다 해줄 수 있습니다. 그러나 목적도 없고 무의미하며 '우연적인' 존재라는 어두운 숲에서 인간이 빠져나올 수 있도록 이끌어주지는 못합니다. 현대 과학은 인간이 무엇인가라는 물음에 대해 '우주적 우연', '무심한 진화나 자연도태의 성공적이지 못한 산물', '벌거벗은 원숭이' 같은 믿기 힘든 표현으로 답을 합니다. 그러면서도 무관심한 힘에 의해 우연히 태어난 이 부조리한 피조물이 자기 자신을 어떻게 인식해야 하는지, 자신의 정신을 어떻게 이해해야 하는지에 대해서는 놀라울 정도로 아무런 대답을 못합니다. 하지만 현대 과학은 이 불행한 존재의 육체에 대해서는 할 말이 많습니다. "최선을 다해 살아남아라!"라고 말하지요.

이런 상황에서 교육의 목적은 무엇일까요? 다른 훌륭한 문명세계와 마찬가지로 한때 서구 문명의 목표도 무의미하게 아무 목적 없이 떠돌며 탐닉하는 인간을 존재의 어두운 숲에서 구출하여 해방의 진리를 얻을 수 있는 높은 산으로 이끄는 데 있었습니다. 전 세계 어디서든 모든 민족의 전통적인 지혜입니다. 현대인들은 전통적인 지혜를 거부하고, 인간 영혼에 신과 이어주는 수직적 차원이 존재한다는 것을 부인하며, 과거와 마찬가지로 단조로운 현재의 삶에서 그저 한 발 더 올라가는 것 이상을 바라지 않습니다. 지금 삶보다 한 발 나아진다는 희망은 다름 아닌 부자가 되어 점점 더 빠른 속도로 여행을 하며 달나라나 우주로 떠나는 것이라고 생각합니다.

이런 식으로는 무엇을 해도 단조롭고, 왜소하고 이기적인 자아를 넘어서지 못합니다. 교육 덕분에 더 빨리 부자가 되고,

더 멀리 더 빠르게 여행할 수 있을지는 모르지만 여전히 모든 것은 예전과 마찬가지로 무의미해보일 것입니다. 데카르트적 혁명으로 알려진 형이상학의 틀에 갇혀 있는 한 교육이란 정신이 아닌 육체를 조금 더 편안하게 만드는 것, 다시 말해 우리를 무의미한 존재의 어두운 숲에 그대로 가둬두려는 일련의 훈련에 지나지 않습니다.

전통적인 지혜를 전적으로 '선과학적인' 것으로 치부하여 진지하게 생각해보지도 않고 박물관에나 어울리겠다며 오만한 태도를 보인다면, 세속적 성공을 가르치는 훈련이 교육이라는 생각 외에 교육의 다른 근거는 존재하지 않게 됩니다. 좋은 노동을 가르치는 교육은 완전히 불가능하게 됩니다. 지상에서의 삶에 어떤 목적이나 의미가 없다고 한다면 좋은 노동과 나쁜 노동을 어떻게 구별할 수 있겠습니까? '좋다'라는 말은 목적이 있음을 전제로 합니다. 무엇에 좋다는 말일까요? 돈, 승진, 명예, 권력에 좋다는 뜻입니까? 다른 관점에서 보자면 이런 것들은 매우 나쁜 노동을 통해서도 얻을 수 있습니다. 해답은 전통적인 지혜에서 찾을 수 있습니다. 전통적인 지혜는 어떤 답을 해줄까요? 대답은 지상에서 인간이 어떤 삶의 목적과 과제를 완수해야 하는지에 대한 전통적인 견해에서 찾을 수 있습니다.

인간이 해야 할 첫 번째 과제는 사회와 '전통'으로부터 배우고, 여기서 제시된 길을 받아들임으로써 행복을 찾아 나가는 것입니다.

두 번째 과제는 배운 지식을 내면화하고 거르고 솎아내어 좋은 것은 취하고 나쁜 것은 버리는 것입니다. 이 과정은 '개체 형성individuation', 다시 말해 삶을 이끌어줄 주체적 자아를 갖는 과정이라고 볼 수 있습니다.

세 번째 과제는 앞의 두 가지 과제를 완수한 뒤에 가능한데 여기에는 최상의 도움이 필요합니다. 이것은 자아의 소멸, 각자가 느끼는 좋고 싫음의 소멸, 자기중심적인 모든 선입견이 소멸되는 경지를 말합니다. 얼마나 이 과제를 성공적으로 완수했느냐에 따라 외부 환경이 이끄는 대로 행동하는 것도, 자아가 이끄는 대로 행동하는 것도 모두 벗어날 수 있습니다. 그렇게 되면 자유를 얻게 되고, 만약 기독교인이라면 하느님이 이끄시는 대로 따른다고 말하게 될 경지에 도달하게 될 것입니다.

인간 앞에 이 세 가지 과제가 놓여 있다면 '좋음'이란 바로 나 자신과 다른 사람들이 해방의 여정을 따르도록 돕는 것을 말합니다. 우리는 "내 이웃을 내 몸처럼 사랑하라"라는 부름을 받았지만 감각적, 감정적으로 대하는 경우를 빼고는 이웃을 좀처럼 사랑할 수 없습니다. 먼저 자기 자신을 충분히 사랑하여 좋은 노동을 통해 발전하지 않는다면 말입니다.

마치 사도 바울처럼 "나 자신의 해방이 나에게도 당혹스럽다. 왜냐하면 나는 내가 하기를 바라는 것은 행하지 아니하고 도리어 미워하는 것을 행하기 때문이다"라고 말하면서 어떻게 이웃을 사랑하고 도울 수 있겠습니까? 우리는 자신뿐 아니라 이웃을 위해서도 좋은 노동을 하기 위해서도 하느님을 사랑하라는 부름을 받았습니다. 이와 같은 부름은 우리 정신이 자아를 넘어선 어떤 단계, 가장 지고至高의 단계에 도달할 수 있도록 인내심을 가지고 열심히 노력하라는 의미입니다. 선은 오직 거기에서 찾을 수 있습니다.

여기에 모든 위대한 문명을 탄생시킨 전통적 지혜라는 오래된 형이상학이 주는 답이 있습니다. 우리에게 필요한 모든 지침은 여기서 얻을 수 있습니다. 인간의 가장 큰 욕구는 무엇일까요? 영적인 존재로서 인간은 무엇보다도 가치에 관심을 갖게 됩니다. 사회적 존재로서 인간은 무엇보다도 다른 사람들과 다른 생명체에 관심을 갖게 됩니다. 그리고 개체로서 인간은 무엇보다도 자기 자신을 계발하는데 커다란 관심을 갖게 됩니다.

사람이면 누구나 이뤄야 할 세 가지 욕구가 있고, 여기에 교육이 필요하다는 것을 경험으로 확신할 수 있습니다. 영혼을 가진 존재로 산다는 것은 "영적 존재인 인간"으로서 도덕적 감정에 따라 행동하는 것을 말합니다. 이웃으로서 산다는 것은 "사회적 존재인 인간"으로서 동료들을 섬기는 행위를 말합니다. 힘과 책임감을 지닌 자율적 개인으로 산다는 것은 "남자로서, 여자로서" 신이 베풀어준 재능을 창조적으로 사용하고 계발하려고 노력하는 행위를 말합니다.

인간은 이 세 가지 기본욕구가 충족되어야 행복을 느낍니다. 만약 이 욕구들이 충족되지 않거나 좌절되면 불행을 느끼게 됩니다. 현대 사회는 불가사의한 방식으로 세 가지 욕구가 충족되기 어렵게 하거나 심지어 전혀 충족될 수 없게 만듭니다. '고등교육'을 포함한 '교육'은 이런 욕구에 대해서는 아는 바가 거의 없습니다. 이상하게 들리겠지만 대부분의 사람들은 이 욕구가 무엇인지조차 모릅니다. 전통적 지혜는 인간이 불완전하게 '프로그램이 되었기' 때문이라고 봅니다. 인간은 완전히 성장한 다음에도 동물처럼 확신에 차서 발걸음을 내딛지 못합니다. 인간은 자신이 원하는 것을 얻는 방법뿐 아니라 자신이 원하는 것이 무엇인지도 모른 채 주저하고 의심하고 변덕을 부리며 그냥 여기저기 뛰어다닐 뿐입니다.

인간이 무엇을 원하는지 교육이 가르쳐줄 수 없다면 교육은 무슨 소용이 있을까요? "삶에서 내가 무엇을 해야 할까요?"라거나 "구원 받으려면 무엇을 해야 할까요?"와 같은 물음은 수단이 아니라 목적과 관련된 문제입니다. 여기에 대해

"원하는 바를 정확히 말해주면 얻을 수 있는 방법을 알려주겠다"는 식으로 기계적인 답을 해서는 안 됩니다. 문제의 핵심은 자기 자신이 무엇을 원하는지 모른다는 데 있습니다. 사람들은 행복해지기를 바랄 것입니다. 이때도 행복을 위해 무엇이 필요한지 알려주면 무엇을 하면 좋을지 조언을 주겠다는 식의 답변은 아무 소용이 없습니다. 왜냐하면 행복해지기 위해 무엇이 필요한지 모르기 때문입니다. 행복해지려면 우리를 자유롭게 해줄 진리가 필요하다고 말하는 사람들도 있지만 과연 교육자들이 이 진리가 무엇인지 알려줄 수 있을까요? 우리에게 진리를 찾을 수 있는 장소를 알려주고, 그곳으로 인도해주거나 적어도 가야 할 방향이라도 가르쳐줄 수 있을까요? 저는 정말로 좋은 노동을 하고 싶은데 실제로 좋은 노동이 무엇인지, 노동이 좋은 일이 되는 것은 언제인지 누가 알려줄 수 있을까요?

전통적 지혜는 노동의 핵심적인 역할을 세 가지로 설명합니다. 노동은 인간에게 (1) 자신의 잠재력을 사용하고 계발할 수 있는 기회를 주고 (2) 다른 사람들과 함께 공동의 일을 함으로써 태생적인 자기중심주의를 극복하게 해주며 (3) 품위 있는 생존을 위해 인간에게 필요한 재화와 서비스를 생산하는 역할을 합니다.

인간이 이루어야 할 세 가지 욕구는 노동을 통해 '배워야'

합니다. 노동에 대해 최근에는 어떤 가르침이 나오는지 잘 모르겠지만 얼마 전까지만 해도 교육의 진정한 책무는 노동이 아닌 여가를 가르치기 위한 것이라는 말을 사방에서 들을 수 있었습니다. 어쩌면 이 비정상적인 생각은 현재 폐기되고 있는지 모릅니다. 한번 상상해보십시오. 노력하는 젊은 영혼들에게 "자, 지금부터 여러분이 할 만한 유익한 일이 없는 경우 시간을 어떻게 죽일지 그려보길 바랍니다"라고 하는 것을요.

우리 조상들은 토마스 아퀴나스가 말한 것처럼 일의 즐거움이 없으면 삶의 즐거움도 없다는 점을 잘 알고 있었습니다. 곰곰히 생각해볼 가치가 있는 말입니다. 또 조상들은 게으름을 영혼의 슬픔으로 보았습니다. 이것도 생각해볼 가치가 있습니다. 19세기의 어느 사상가는 이런 말도 했습니다. "조금만 들여다봅시다. 쓸모있는 기계가 늘어나면 쓸모없는 사람도 늘어나게 됩니다." 생각해볼 만한 말입니다.

이런 질문이 나올 수 있습니다. 그럼 젊은이들이 앞으로 좋은 노동을 할 수 있도록 어떤 준비를 시켜야 할까요? 우리는 먼저 젊은이들에게 좋은 노동과 나쁜 노동을 구별할 수 있도록 가르치고, 이들에게 나쁜 노동을 받아들이지 않도록 독려해야 합니다. 인간을 기계나 시스템의 노예로 전락시키는 지겹고, 무의미하며, 신경만 괴롭히는 명청한 일을 젊은이들이 거부하도록 독려해야 합니다. 노동이란 삶의 즐거움이자 발전을 위해 꼭 필요하다는 것뿐만 아니라 무의미한 노동은 혐오스러운 것이라는 점도 젊은이들에게 가르쳐야 합니다.

어느 감수성 예민한 영국인이 쓴 다음과 같은 글을 읽은 적이 있습니다.

> 공장이 지금과 다른 모습이 되길 바라는 것은 부질없는 짓일 것이다. 결국 공장이란 사람이 아닌 기계를 모셔두기 위해 지어진 것이다. 공장 안에서는 전기로 생명을 얻는 쇳덩어리가 피와 살보다 더 우월하다는 것이 곧 드러난다. 인간의 자질은 기계를 다루는 데 있다고 생각될 만큼 모든 책무는 기계에게 있다. 인간이 기계가 되는 만큼 기계는 인간이 된다. 인간은 로봇이 되고 기계는 맥박이 뛰는 생명체가 된다. 이것은 인간이 통제력을 상실하고 있다는 전조이며 이를 통해 종말이 다가온다는 것을 자각하게 된다.

인간에게 좋은 노동을 기대하는 것은 잘못이라고도 합니다. 인간이란 좋은 노동을 기대할 수조차 없도록 만들어졌다는 거죠! 인간이란 약간 복잡한 물리화학적 체계, 무의미한 진화의 산물 외에 아무것도 아니기 때문에 기계가 인간처럼 되고 인간이 기계처럼 된다면 거기에 대해 고통은 느낄 수 있겠지만 진짜로 놀라거나 하는 식의 다른 반응은 기대할 수 없도록 만들어졌다는 것입니다.

현대 사회는 여러 가지 사고나 다른 이유로 노동자의 신체가 훼손되지 않도록 하는 데는 흥미로울 정도로 세심하게 신경을 씁니다. 신체가 훼손될 경우 노동자는 보상을 요구할 수 있습니다. 하지만 영혼과 정신의 경우는 어떻습니까? 만약 노동이 인간을 단순한 로봇으로 전락시킴으로써 인간 정신을 훼손한다면 참으로 나쁜 일입니다. 이 점에서 형이상학이 결정적으로 중요하다는 것을 명확히 알 수 있습니다. 유물론적 형이상학이나 무심한 진화법칙의 형이상학은 인간의 육체 말고는 어떤 것에도 실체를 부여하지 않습니다. 그러니 정신이나 영혼처럼 뜬구름 같고 비실제적인 것의 건강과 안전에 대해 왜 신경을 쓰겠습니까? 육체의 성장이 필요하다는 점은 인정하고 이해하지만 영혼과 정신의 성장에 대해서는 어떨까요?

인간이 먹고 사는 데 교육이 필요하다는 것은 수긍하면서 자기중심주의, 소심함, 세속적 무지 같은 어두운 숲으로부터 인간을 구원하는데 교육이 필요하다고 하면 이런 교육은 기껏해야 순전히 개인적인 것으로 취급됩니다. 영혼을 위한 교육에 대해 말하면 "일을 회피한다"거나 "현실에 등을 돌린다"며 혀를 찹니다. 따라서 유물론적 형이상학에는 좋은 노동에 대한 개념, 노동이란 노동자에게 좋은 것이라는 개념은 들어설 자리가 없습니다. "노동자들의 영혼의 발전과 완성을 위해 노동이 필요하다"고 말한다면 유물론적 형이상학은 그런 욕구에 대해선 전혀 모르기 때문에 허무맹랑한 공상가의 말로 들을 것입니다.

유물론적 형이상학은 육체의 욕구, 다시 말해 노동이란 불쾌한 것이며, 언젠가는 자동화에 의해 완전히 소멸될 것이라고 봅니다. 어쩔 수 없지만 그때까지 노동은 계속되어야 한다, 그러니 계속 일을 하자, 다만 신체가 상하지 않도록 조심하자고 할 뿐입니다. 만약 노동을 불쾌하지만 해야 하는 것으로 본다면 일을 '덜' 한다는 의미 외에 좋은 노동이란 없습니다. 절대적 최소치를 넘어선 노동에 대해 어떻게 좋다는 의미를 붙일 수 있겠습니까? 누가 좋은 노동을 할 여력이 있겠습니까? 불완전해도 잘 돌아가는데 완벽하게 만들 이유가 뭐가 있겠습니까? 아난다 쿠마라스와미 Ananda Coomaraswamy는 "예술 없는 산업은 야만"이라고 말했습니다. 왜 그럴까요? 예술 없는 산업은 노동자의 영혼과 정신을 훼손하기 때문입니다. 이런 말을 할 수 있었던 것은 그의 형이상학이 현대의 형이상학과 다르기 때문입니다. 또 이런 말도 했습니다. "예술가가 특별한 부류의 인간인 것이 아니라 모든 인간이 특별한 부류의 예술가이다." 이것이 바로 좋은 노동의 형이상학입니다.

그러면 좋은 노동을 위한 교육은 어떻게 가능할까요?

먼저 논의의 출발점이 되는 형이상학부터 바꿔야 합니다. 인간에 대한 관심도 없고 의미도 없으며 목적조차 없이 생존을 위한 '선택' 과정인 진화의 산물이 인간이라고 한다면, 다시 말해 인간이 '공리주의'의 결과물에 지나지 않는다고 가르친다면, 노동은 불쾌하지만 어쩔 수 없이 해야 하는 것 외에 아무것도 아니게 됩니다. 따라서 노동은 적게 할수록 더 좋다는 식의 공리주의적 생각을 갖게 됩니다.

조상들은 무엇이 좋은 노동인지 알고 있었습니다. 그러나 조상들을 존재하지도 않는 신을 숭배하느라 일생을 보낸 불쌍한 몽상가들이라고 늘 하던 대로 경멸하기만 한다면 조상으로부터 아무것도 배울 수 없습니다. 또한 전통적인 지혜를 진지하게 생각하지 않고 마치 미신이나 주술 쪼가리로 취급한다면, 그리고 유물론적 과학주의를 진보의 유일무이한 척도로 간주한다면 마찬가지로 조상들로부터 아무것도 배울 수 없을 것입니다. 진짜로 뛰어난 과학자들은 과학은 작고 분리된 시스템을 다루고 시스템이 어떻게 작동하는지는 보여줄 수 있지만 무심한 진화의 원리 같은 포괄적인 형이상학에 대해서는 보여줄 근거가 전혀 없다는 사실을 알고 있습니다.

하지만 사람들은 여전히 젊은이들에게 현대 진화론은 과학의 일부이며, 여기에는 신의 섭리나 계획이 들어올 여지가 없다고 가르치고 있습니다. 그렇게 함으로써 종교와 과학 사이에 마음대로 선명한 갈등을 조장하고, 말로 다할 수 없는 혼돈을 야기하고 있습니다.

따라서 좋은 노동을 위한 교육은 전통적 지혜를 체계적으로 연구하는 데서 출발해야 합니다. 인간이란 무엇인가, 인간은 어디에서 왔는가, 삶의 목적은 무엇인가라는 물음에 대한 답은 여기서 찾게 될 것입니다. 그리고 나면 도달해야 할 목표와 거기에 이르는 길이 나타나게 됩니다. 실상은 여러 갈래의 다른 길을 통해 동일한 정상에 도달할 수 있습니다. 도달해야 할 목표는 성경 구절인 "그러므로 하늘에 계신 너희 아버지의 완전하심과도 같이 너희도 완전하리라"에 나오는 '완전함'이나, '왕국', '구원', '열반', '해방', '깨우침'과 같은 다양한 말로 정의될 수 있습니다. 그렇다면 그 목표에 이르는 길은 무엇일까요? 바로 좋은 노동입니다. "근면으로 구원을 이루라"입니다. 여러분의 재능을 묻어두지도 말고 남들이 묻어버리도록 내버려 두지도 마십시오. 재능을 많이 받은 자에게는 더 많은 것이 요구될 것입니다. 간단히 말하자면 인생은 일종의 배움터라고 할 수 있고, 배움터에서는 오직 좋은 노동, 다시 말해 생산자를 고귀하게 만듦으로써 생산품도 고귀해지는 노동만이 중요합니다.

좋은 노동을 하게 되면 노동자의 자아 ego는 사라집니다. 자아가 사라지면 내면의 신성한 힘이 되살아나게 됩니다. 물론 유물론적 과학주의를 기본전제로 한다면 전혀 와 닿지 않는 말입니다. 인간이 무심한 진화의 산물이고, 인간의 능력은 우주의 생존경쟁에서 오직 공리주의적 가치에 따라 맹목적으로 자연선택된 것일 뿐이라면, 이런 우연과 필연성의 산물인 인간이 어떻게 생존의지의 핵심인 자아로부터 스스로를 해방시킬 수 있겠습니까? 말도 안 되는 명제입니다. 인간에게 신성한 면이 존재한다는 생각은 전적으로 선과학적인 가정입니다.

그러나 현대 형이상학이 우리에게 보여주는 '노동의 세계'는 안타깝게도 끔찍한 곳입니다. 고등교육은 이런 세계에 들어갈 준비를 시키고 있습니다. 이런 노예상태로 들어가려면 어떤 준비를 시켜야 할까요? 유능한 노예와 기계, '시스템'과 관료주의자가 되기 위해선 어떤 자질들이 필요할까요? 오늘날의 노동 세상은 100년에 걸친 '탈脫기술de-skilling'의 산물입니다. 필요한 것이라곤 태엽기계밖에 없는데 무엇 때문에 장인들의 기술을 익히려고 고생을 사서 해야 할까요? 취득해야 할 유일한 기술은 시스템이 요구하는 기술밖에 없으며 이 기술들은 시스템 밖에서는 아무 쓸모가 없습니다. 시스템 밖에서는 생존가치가 없고 사람들에게 자립심을 심어줄 수도 없습니다. 하지만 가령 에너지 부족으로 태엽기계가 멈추게 된다면 태엽으로 무슨 일을 할 수 있을까요? 아니면 컴퓨터 없이 컴퓨터 프로그래머는 무슨 일을 할 수 있을까요?

지금의 노동 세계와 전혀 다른 노동 세계로 우리를 인도할 수 있도록 고등교육을 새로 짤 수 있습니다. 이것이 저의 진정한 소망입니다. 하지만 지금처럼 고등교육이 유물론적 과학주의와 무심한 진화법칙에 매달려 있는 한 불가능합니다. 어떻게 무화과가 엉겅퀴에서 나올 수 있겠습니까? 좋은 노동도 이런 형이상학에서는 나올 수 없습니다. 지금과 같은 토대에서 좋은 노동을 길러내려는 시도는 오히려 혼란만 가중시킬 수 있습니다. 우리 시대에 가장 시급히 요청되는 일은 새로운 형이상학의 재건, 다시 말해 인간이란 무엇인가? 인간은 어디에서 오는가? 삶의 목적은 무엇인가? 같은 물음에 대해 혼신의 힘을 다해 우리의 깊은 신념이 선명히 드러나도록 만드는 일입니다.

# 9

# 그대가 바로
# 우주이다

결국 인간은 신의 위치에서
지상으로 내려온 존재입니다.
인간이 이 세상에 온 것은
자신을 완성하기 위해서입니다.

제가 살고 있는 서리 Surrey 주州에는 산책을 다닐만한 아름다운 언덕이 많습니다. 언덕을 걷노라면 해안가 쪽으로 내달리는 자동차 소음만 멀리 들릴 뿐 일요일에도 지나가는 사람 하나 만나기가 어렵습니다. 바로 이런 곳에서 경제학자가 일요일 오후에 산책을 즐기러 나갔다가 다름 아닌 하느님을 만나게 되었다고 합니다. 그는 하느님을 만난 충격으로 처음에는 아무 말도 할 수 없었습니다. 그러다 문득 인간에게 1,000년이란 시간도 하느님께는 1분에 지나지 않는다고 어렸을 적 들었던 이야기가 떠올랐습니다. 경제학자는 "인간세상의 1,000년이 하느님께는 정말로 1분인가요?"라고 물어보았습니다. 그러자 하느님께서 "그럼, 그렇고말고"라고 답하셨습니다. 이쯤 되어 침착함을 되찾게 된 그는 말을 이어나갔습니다. "그렇다면 인간에게 100만 파운드의 돈도 하느님께는 1페니에 지나지 않겠네요?" 하느님께서 답하셨습니다. "그럼, 그렇고말고." 그러자 그는 "하느님, 제게 1페니만 주시면 안 될까요?"라고 물었습니다. 하느님께서 이렇게 답하셨습니다. "주고말고, 아들아. 지금은 없으니 내가 가져올 동안 1분만 기다리도록 해라."

국민총생산GNP이 늘어나면 모두 구원될 것으로 믿는 것도 이 이야기와 마찬가지인 셈입니다. 조금만 더 기다려보자, 그러면 우리 모두 부자가 되고 행복해질 것이다! 하지만 그런 식의 구원이 갈수록 점점 더 수상쩍은 일이 되고 있습니다. 가령 미국이 문제는 좀 있지만 높은 국민총생산을 달성한 것은 믿을 수 없을 만큼 성공적인 성과로 봐야 한다며 미국을 국민총생산주도형 국가라는 식으로 평가하는 것은 미국 밖에서 보자면 정말 놀라운 생각입니다. 실제로 미국은 국민총생산이 월등히 낮은 나라들조차 겪어보지 못한 빈곤을 겪고 있습니다. 이런 이야기를 꺼낸 것은 미국을 비판하려기보다는 미국의 현실을 정확히 분석해보기 위해서입니다. 물론 지금은 유럽인도 미국인과 동일한 목표를 좇고 있으니 아직 덜 성공한 미국인이라고 할 수 있습니다.

국민총생산은 실제로는 아무 의미가 없는 개념입니다. 국민총생산이란 경제에서 일정량의 자금 흐름을 기술적으로 가늠하기 위한 지표로서는 유용하지만 어떤 식의 성취를 가늠하는 데는 의미가 없는 방법입니다. 국민총생산은 순전히 양적인 개념이기 때문입니다. 통계는 정확할 필요는 없더라도 적어도 유의미하긴 해야 합니다. 통계수치를 가지고 노래를 만들어낼 수 없다면 숫자는 아무 의미가 없다는 게 한결같은 저의 지론입니다.

'성장'이 좋은 것이라고 어떻게 단언할 수 있습니까? 아이들이 성장한다면 좋은 일이겠지만 제가 갑자기 성장하기 시작한다면 끔찍한 재앙이 될 것입니다. 그렇기 때문에 알쏭달쏭한 모든 걸 전부 합산하기보다는 서로 간에 질적인 구별을 하는 것이 훨씬 중요합니다.

학교에서 배웠듯이 본질적으로 동일한 성질끼리만 서로 합산할 수 있습니다. 사과의 숫자와 텔레비전을 보면서 보낸 저녁시간을 나란히 더하는 것은 아무 의미가 없습니다. 어떤 경우건 문제의 질적인 측면을 살펴야 합니다. 우리가 할 일은 무엇이 좋은지를 결정하여 좋은 것은 잘 자라도록 최선을 다하고, 마찬가지로 무엇이 나쁜지를 결정하여 나쁜 것은 줄여나가도록 노력하는 것입니다. 두 과정을 합산해서 전체적으로 커졌는지 작아졌는지에 관심을 가질 필요는 없습니다. 중요한 것은 양이 아니라 바로 삶의 질이기 때문입니다. 하지만 순전히 양적인 개념인 국민총생산으로는 어떻게 삶의 질을 높일 것인가와 같은 진정한 물음에 대해 답을 얻을 수 없습니다.

전 세계 소득분배를 살펴보면 극도로 가난한 사람은 엄청나게 많고 매우 부유한 사람도 꽤 많은 데 비해 둘 사이에 존재하는 사람은 거의 없음을 알 수 있습니다. 이런 분배양상은 병적입니다. 더는 하나의 세계는 존재하지 않게 되었고, 표면적으로 매우 소박한 수준에서의 동질성마저도 사라져 버렸습니다. 이런 끔찍한 상실은 부유한 나라와 가난한 나라 간에만 적용되는 현상이 아닙니다. 한 나라 안에서도 이런 현상이 벌어지고 있습니다. 개발도상국의 경우도 점차 극도로 가난한 다수의 사람들과 극도로 부유한 소수의 사람들만 존재할 뿐 그 중간은 텅 빈 양극화 사회로 치닫고 있습니다.

물질 외에도 다른 목표가 우리 삶에 존재한다는 생각은 주목을 끌지 못합니다. 기독교식으로 말하자면 인간의 지상과제는 자신의 영혼을 구원하는 것인데, 구원에 필요한 것보다 훨씬 더 많은 물질을 지금 우리가 구원의 수단으로 갖고 있다고 할 수 있습니다. 그러다 보니 물질이 영혼을 구원하는 데 오히려 방해가 될 지경에 이르렀습니다. 상층부에 극소수의 사람들만 있는 부유한 사회란 결코 전 세계 어디에서든 적용될 수 있는 모델이 아닙니다. 만약 새로운 모델을 찾지 못한다면 우리는 더욱 끔찍한 재앙에 빠져들게 될 것입니다. 문제는 우리 삶을 진정으로 가치 있게 만들어줄 다른 삶의 방식이 과연 존재하겠는가 하는 것입니다. 그런 삶은 예전부터 존재했습니다. 거기서 우리가 아는 가장 위대한 예술작품과 문화가 탄생했습니다. 그런 삶은 가난의 문화에서 나왔지 풍요의 문화에서 나온 것이 아닙니다.

그렇다면 가난의 문화란 무엇을 의미할까요? 재화를 일회적 재화와 영속적 재화라는 두 범주로 확실히 구별할 수 있는 문화를 의미합니다. 일회적 재화는 결국 폐기되기 위해 생산되는 재화를 말하고, 영속적 재화는 – 혹시라도 이 용어가 너무 거창한지 모르겠네요 – 폐기되지 않는 재화를 말합니다. 영속적 재화도 우연찮게 폐기될 수 있지만 처음부터 폐기할 목적으로 생산되는 것은 아닙니다.

모든 참된 문화에서 영속적 재화는 실제로 어디에서든 경제 외부에 존재했습니다. 왜냐하면 '영원永遠'을 계산할 수는 없기 때문입니다. 가령 성당을 지을 경우 사람들은 미리 예산을 세우지 않았습니다. "최고의 성당을 지으면 됩니다. 하느님의 영광에 바칠 수 있다면 인간의 존엄성에 합당한 가치 있는 일입니다"라고 말할 뿐이었습니다. 하지만 반대로 일회적 재화는 매우 아끼며 검소하게 살았습니다.

1년 전에 저는 처음 피렌체 대성당을 방문했습니다. 아름다운 대성당 맞은편에는 대성당을 축조한 건축가의 조각상이 세워져 있었습니다. 조각상 받침대에는 라틴어가 새겨져 있었는데 간신히 해독해보니 이런 문구였습니다. "이 사람 아르놀포 디 캄비오 Arnolfo di Cambio는 피렌체시 당국의 지시에 따라 그 어떤 천재라도 자신의 과업을 능가할 수 없는 장엄한 대성당을 지었다. 이로써 캄비오는 최상의 정신을 발휘하여 대과업에 자신이 적임자임을 입증했다." 문구에서 보다시피 대성당은 시 당국의 지시로 축조되었습니다. 대성당 밖에는 기베르티 Lorenzo Ghiberti가 조각한 유명한 청동문이 있었는데, 알려지기로는 제작에만 28년이 걸렸다고 합니다. 청동문은 어떤 후원도 없이 제작되었습니다. 또 청동문 제작에 28년이 아닌 25년이 걸렸더라면 3년 동안 관광수입이 더 늘어났을 거라고 따지는 경제학자도 없었습니다. 물론 그동안 관광수입은 3,000퍼센트나 늘어났습니다. 이제는 청동문을 거의 볼 수 없습니다만 이건 다른 문제겠죠.

경제학적 계산법으로 재단하게 되면 가치 있는 것은 아무것도 남지 않게 됩니다. 사무실이 밀집해 있는 런던의 어느 고층건물 맞은편에 조각상이 서 있다면 어떤 모습일지 상상해보았습니다. 아마 받침대에는 이런 글귀가 있을 겁니다. "이 사람 스미스 Mr. R. W. Smith는 영국 왕립건축가협회의 회원으로 광역런던 협의회 Greater London Council의 지시에 따라 제 아무리 천재라도 이보다 더 낮은 입찰가격으로 건설할 수 없을 만큼 평당 최고로 싼 가격에 사무실용 건물을 지었다. 그는 컴퓨터를 다루는 타고난 재능으로 자신이 이 비루한 사업에 가장 적임자임을 입증했다."

문제가 워낙 심각할 때는 편안한 마음으로 이야기를 풀어가는 게 좋은 방법입니다. 그래도 희망적인 것은 많은 개선들이 시작되었고 우리를 올바로 이끌고 있다는 것입니다. 이런 상황에서 과학과 기술을 부정하는 데 우리의 노력을 쏟아서는 안 됩니다. 필요한 것은 과학과 기술의 방향을 바꾸는 것입니다. 영웅적인 행동이나 전혀 쓸데없는 일에 많은 시간을 낭비할 필요 없이 과학기술이 낳은 최상의 성과는 계속 발전하길 바랍니다. 사람들을 모아야 합니다. 비록 여러분과 마음이 안 맞고, 미래에 대해 비관만 하는 사람일지라도 도움을 얻을 수 있습니다. 그 분들이 장점을 발휘하도록 해야 합니다.

새로운 중간기술은 세 가지 방법을 통해 발전될 수 있습니다. 먼저, 낮은 수준이더라도 이미 있는 기술을 골라 발전시키는 것입니다. 기존의 기술이 생각보다 훨씬 더 좋아질 수 있습니다. 여기에 대한 안목만 있다면 기존의 기술은 자본을 추가로 투자하지 않고도 엄청나게 향상될 수 있습니다. 이것이 기술을 향상시키는 한 가지 방법입니다.

둘째 방식은 이런 식입니다. 우리는 성능이 아주 뛰어난 기계를 만들려고 하는데 문제는 이 기계가 생산과정에서 과도하게 노동력을 절감하도록 고안된 것입니다. 이런 기계는 개발도상국에는 맞지 않습니다. 개발도상국의 상황에 맞게 오히려 기술수준을 하향조정할 필요가 있습니다.

셋째는 필요한 기술에 대해 질문을 던진 후 설계 연구를 통해 새로운 것을 만드는 방법입니다. 그런데 이 방법은 개발도상국 농민이 직접 하기엔 매우 어렵습니다. 농부들에게 무엇보다도 그렇게 할 수 있는 자원이 없기 때문입니다. 안타깝게도 농부들을 이끌어줄 과학자도 거의 없습니다. 비극이지요. 하지만 아프리카 가나처럼 어떤 나라든 지금이라도 자신들의 문제에 노력을 기울인다면 모든 일은 해결될 수 있습니다. 그런데도 많은 사람들이 자기 나라의 문제를 스스로 해결하려고 노력하기보다는 런던의 임페리얼 칼리지나 코넬 대학 혹은 MIT만 쳐다보고 있습니다. 개발도상국 스스로 기술을 혁신하거나 기술에 대해 실제로 고민하는 일은 많지 않습니다.

우리가 가진 것은 적어도, 이 세상 전체를 둘러보면 상당히 많은 기술이 곳곳에 흩어져 있습니다. 따라서 우리가 해야 할 가장 중요한 일은 전 세계를 조사하여 어떤 기술이 지금까지 남아 있는지 살펴보고, 가치를 평가하고 시험해보는 일입니다. 지금은 몇 안 되는 인원으로 이 일이 진행되고 있습니다. 필리핀 농부들은 벼농사에 유용하고 훌륭하면서도 단순한 장비를 갖고 있고, 일본 농부들도 마찬가지입니다. 이 장비가 다른 조건에도 적합한지 살펴본 뒤, 적합하다면 개발할 생각입니다.

이제 우리는 사물 전체 the whole thing에 대해 정의를 내려야 할 단계에 와 있습니다. 어떤 직관이나 지식을 가리키는 단순한 꼬리표에 지나지 않는 낱말이나 개념이 우습게도 사물 자체가 되어버리곤 합니다. 가령 불교신자들은 불교란 바로 달을 가리키는 손가락이라는 멋진 비유를 씁니다. 실재는 달이며, 불교란 달에 주의를 기울일 수 있도록 사람들을 이끄는 것이라는 거죠. 이와 마찬가지로 '적정기술'이나 '중간기술'이라는 용어도 달을 가리키는 손가락일 뿐입니다. 특정 방향을 가리킬 수는 있어도 이 용어로 달을 온전히 설명할 수는 없습니다.

1960년대 초에 인도 정부의 초청으로 인도를 방문했습니다. 막상 가서 보니 인도 농촌을 위해 무엇을 해야 할지 막막했습니다. 그래서 저는 인도의 방방곡곡을 돌아다녔습니다. 온갖 교통수단을 다 동원하고 때로는 걸어서 인도 전역을 둘러보고 델리로 돌아왔습니다. 여행에 관한 짧은 비망록을 보여주자 저를 초대했던 인도인들은 관계자들을 불러 모아

이틀간 세미나를 열었습니다. 저는 그 자리에서 인도 농촌에 필요한 '중간기술'이 과연 무엇인지 생각해봐야 한다고 말했습니다. 인도에 필요한 것은 중간기술이며, 중간기술이란 괭이보다는 성능이 뛰어나고 트랙터보다는 유지비용이 저렴한 손쉬운 기술을 말한다고 설명했습니다. 제 말을 잘 이해했는지 모르겠지만 저는 중간기술이 정답이라고 말했습니다.

첫 인도 방문에서 제 의견은 전혀 환영받지 못했고, 저는 속상한 마음으로 떠났습니다. 하지만 15개월 뒤 인도에서 중간기술에 관한 전국학술대회가 열렸습니다. 인도인들은 여전히 중간기술이란 용어를 좋아하지 않기에 적정기술이라고 불렀습니다. 용어 따윈 대수롭지 않습니다.

적정기술이란 말은 순전히 형식적인 용어일 뿐이니까요. 제가 인도에 다시 갔을 때 어떤 사람이 다가와 질문을 한 적이 있습니다. "슈마허 선생님, 저는 적정기술이란 게 있다고 보지 않습니다." 그 사람의 얼굴을 빤히 쳐다보며 이렇게 말했습니다. "멋진 생각입니다. 그러시다면 비적정기술은 있다고 보시나요?"

정확히 어디까지가 적정수준인지를 가늠하기는 상당히 어렵지만 구체적인 상황에 잘 맞아야 적정한 것이라고 할 수 있습니다. 가령 농촌 지역에서는 시장 규모가 작기에 대량생산단위는 알맞지 않습니다. 따라서 적정수준이 될 조건 중 하나는 규모가 작아야 한다는 것입니다.

최근 스리랑카를 방문했을 때 농민들이 작은 사탕수수 농장은 여기저기 흩어져 있는데 설탕정제 공장은 큰 공장 하나밖에 없다고 말하는 것을 들었습니다. 기름값과 운송비를 들여 전국의 사탕수수를 한곳으로 운반하는 것은 당연히 비경제적입니다. 스리랑카 사람들은 세계 곳곳을 조사하며 작은 설탕정제 공장이 있는지 찾아보았지만 어디에도 그런 공장은 없었습니다. '거대 시스템'이 소규모 공장에 관심을 가질 리 없습니다. 그런데 스리랑카 사람들이 원하는 작은 설탕정제 공장이 가까운 인도에서 대기업의 반대를 무릅쓰고 실제로 만들어지고 있었습니다. 작은 공장이 있다는 사실에 모두들 천만다행이라고 말했습니다. 이제 스리랑카 농민들이나 다른 나라의 힘없는 사람들도 생계를 꾸려나갈 수 있게 되었습니다.

적정수준에 관한 두 번째 중요한 점은 가난한 나라의 농촌에서 명백하게 드러납니다. 농촌에는 지식기반시설이 없기 때문에 농촌사람들이 할 수 있는 일이라고는 경영자나 고급 기술자, 변호사 같은 사람들을 불러들이는 것뿐입니다. 하지만 중급 수준 정도인 중간기술은 누구나 쓸 수 있는 단순한 기술이어서 전문가들을 더는 모셔올 필요가 없습니다.

예를 들어 사막에 공장을 세운다고 가정해봅시다. 그러면 미국의 덴버 같은 도시에 공장을 세우는 것보다 훨씬 힘든 일이 됩니다. 왜 그럴까요? 사막에는 어떤 기반시설도 갖춰져 있지 않아서 도로도 새로 내야 하고, 노동자들도 공장 근처로 이주시켜야 하고, 주택, 학교, 병원 같은 시설도 새로 지어야 합니다. 회계업무에 차질이 생겼다고 바로 공장 문을 열고 나가 길모퉁이에서 일급회계사를 불러올 수도 없습니다. 일급회계사가 필요하면 수천 마일 밖에서 비행기로 모셔와야 합니다. 또 새로운 인사담당자가 필요하다고 해서 덴버에서처럼 지역신문에 광고를 내면 바로 지원자가 열두 명쯤 연락을 해오는 일도 없습니다. 덴버에는 모든 게 다 갖춰져 있어 일을 하는 데 전혀 불편할 게 없지만 사막에서는 그렇지 않은데, 이것을 기반시설이라고 합니다.

기반시설은 대체로 여러 세대에 걸쳐 오랜 세월 구축된 것입니다. 유럽은 수백 년에 걸쳐 형성되었습니다. 기반시설에는 도로 밑에 깔린 엄청난 양의 전선과 관, 그리고 파이프도 모두 포함됩니다. 기반시설을 가난한 나라에 세우려면, 그것도 서둘러 구축하려고 하면 비용은 엄청나게 비쌀 것입니다. 도로 1마일을 건설하는 데 수백만 달러가 들 수도 있습니다. 따라서 완벽한 기반시설을 구축하고 대량생산산업을 시작하려면 시간도 굉장히 오래 걸리지만 기반시설에 필요한 엄청난 자금을 어디서 구할 수 있을지도 알 수 없습니다. 하지만 소규모 산업은 정교한 기반시설이 필요하지 않기 때문에 단시간 내에 수익을 낼 수 있을 뿐 아니라 기존 기반시설을 정교하게 보완할 자금도 쉽게 모을 수 있습니다. 제가 하고 싶은 말은 이것입니다. 제가 처음 불교를 접했던 버마에서는 사람들이 비유를 들어 설명하는 것을 좋아합니다. 그래서 저는 이런 비유를 들어 말했습니다. "도로가 나야 길이 생기고, 길이 생겨야 그 길을 따라 가축우리를 만들 수 있습니다. 가축우리에는 알을 낳는 암탉이 있죠. 자! 그런데 도로, 길, 가축우리 같은 것은 여러분이 진짜로 원하는 게 아닙니다. 여러분이 얻고 싶은 것은 달걀입니다. 여러분이 도로, 길, 가축우리를 만드는데 돈을 다 써 버리면 빈털터리가 되어 달걀을 낳을 암탉을 한 마리도 살 수 없게 됩니다. 그렇다면 이건 뭔가 문제가 있는 사업이죠. 여러분도 기반시설에 드는 비용을 최소화하고 싶을 겁니다. 도로나 길, 가축우리를 만드는 데 돈을 낭비하지 않고 달걀을 더 많이 얻을 수 있도록 암탉을 더 사는 데 돈을 쓸 수 있는 장소와 생산방식을 원할 것입니다."

중간기술에 관한 세 번째 중요한 점은 부유한 사람들이 아니라 가난한 사람들을 상대하는 기술이라는 점입니다. 따라서 가난한 사람들에게 근사해 보이는 값비싼 기계를 가지고 가서 "자! 비켜보세요. 어떻게 사용하는지 보여드리죠"라고 한다면, 이 말은 곧 부자가 되면 이 기계로 무엇을 할 수 있을지 보여주겠다는 뜻이 됩니다. 그러면 가난한 사람들은 놀란 눈으로 쳐다보며 이렇게 말할 것입니다. "글쎄요, 가난한 우리로서는 그림의 떡이군요. 이 기계는 우리가 가진 게 아무것도 없다는 걸 한 번 더 확인시켜주네요." 사람들은 가슴이 무너집니다. 이런 것을 거창하게 말하자면 부정적 전시효과라고 합니다. 그러면 물건을 들고 왔던 사람들은 돌아가서 문화적 격차 때문에 생긴 문제라고 판단하고 격차를 줄일 방법을 논의할 것입니다.

하지만 중간기술은 가난한 사람들에게 다르게 얘기합니다. "아뇨, 여러분을 돕고 싶다면 진심에서 우러나온 것이어야 하고, 여러분을 잘 이해하기 위해서는 직접 저 자신이 여러분과 같이 가난한 사람이 되어봐야 합니다. 그래야 여러분에게 무엇이 필요한지 신속히 찾아낼 수 있을 겁니다"라는 식으로 문제에 접근할 것입니다. 이때 해결방안은 거대한 자본집약 없이 가능한 것이어야 합니다. 그렇다고 해서 노동집약적이어야 한다는 뜻은 아닙니다. 노동집약형보다는 자본절약형 방안을 찾아내는 것이 목표입니다. 둘은 완전히 다르죠. 상황을 낭만적으로만 생각해서 필요 없는 노동까지 굳이 하려는 사람은 제가 알기로는 단 한 명도 없습니다. 그래서 노동집약형은 바람직하지 않지만 자본절약형 방안은 바람직하다고 할 수 있습니다.

이런 방식으로 사람들 마음속에 중간기술을 바라보는 몇 가지 기준이 조금씩 만들어집니다. 아이들을 부를 때도 이름이 있어야 하기에 중간기술이라고 이름을 붙였습니다. 하지만 중간기술은 쉽지 않은 방법입니다. 문제 해결에 도움을 줄 수 있는 것은 기본적으로 도시 사람들인데 정작 문제는 농촌에서 풀어야 하기 때문입니다. 도시 사람들과 농촌 사람들 간에는 엄청난 격차가 존재합니다. 도시인들은 어떤 면에서 보면 교육을 잘 받은 사람이기에 자기들 기준에서 교육을 잘 받지 못한 사람들을 도우려고 합니다.

이런 식으로 교육을 받은 사람과 교육을 받지 못한 사람 간에도 엄청난 격차가 있습니다. 도시 사람들은 부유하기에 가난한 사람들을 도와주려 하지만, 부유한 사람들과 가난한 사람들 간에도 역시 엄청난 격차가 있습니다. 우리 앞에는 가교가 필요한 세 개의 거대한 간극이 있는 셈입니다. 간극을 메우기 위해서는 상상을 초월하는 노력이 필요한데, 소위 도움을 제공해줄 수 있는 부유한 나라들은 그런 노력에는 인색한 채 이렇게 말합니다. "우리가 해결책을 가지고 있으니 저리 비켜보세요. 우리가 알아서 할테니까요."

사고방식을 바꾸는 게 왜 중요한지를 상징적으로 보여주는 중간기술의 한 예가 있습니다. 제3세계의 상당수 국가들은 매우 건조합니다. 비가 오지 않아서가 아니라 빗물이 여러 가지 이유로 강이나 바다로 쉽게 빠져나가 버리기 때문입니다. 대체로 모든 나라에 비가 오는 것이야말로 신이 정하신 섭리이며 여기에는 거의 예외가 없습니다. 영국 같은 몇몇 나라들은 항상 비가 옵니다. 한꺼번에 많은 비가 오는 나라도 있습니다. 이렇게 큰비가 내리면 순식간에 빗물이 흘러가 버립니다. 빗물이 강이나 바다로 흘러가선 안 된다며 이렇게들 말합니다. "좋다, 우리에겐 뛰어난 기술이 있으니 담수 공장을 하나 세워야겠다." 하지만 담수 공장을 하나 건설한다 해도 전국적으로 필요한 깨끗한 물을 오직 한 장소에서만 얻게 될 뿐입니다. 제 생각은 이와 다릅니다.

누구나 물이 필요할 때 물을 얻을 수 있어야 합니다. 그게 핵심입니다. 훌륭한 일을 하겠다는 생각 때문에 현혹되지 마세요. 우리에게 필요한 일을 해야 합니다. 이 경우에는 지하에 빗물저장탱크를 만드는 데 머리를 써야 합니다. 많은 비용을 들여 빗물저장탱크를 만드는 방법은 이미 알려져 있습니다. 문제는 어떻게 하면 저렴하게 만들 수 있는가입니다. 마을에 없는 재료로 만들 경우 구입비용을 최소화하려면 어떻게 해야 할까요? 아마도 노동력이 많이 필요할 것입니다. 다행히 상당수의 나라에 풍부한 노동력이 있습니다. 이것이 말하자면 중간기술의 한 사례라고 할 수 있습니다.
다른 예를 들어보겠습니다. 성능이 좋은 달구지를 만들려면 쇠바퀴가 있어야 합니다. 하지만 피츠버그와 셰필드지역의 거대한 철강기계 공장들 말고는 정밀하게 쇠를 구부리는 방법을 전부 잊어버렸습니다. 작은 농촌 마을에서 어떻게 해낼 수 있을까요? 작은 규모로 쇠를 벼리는 것이 인간의 지혜를 넘어서는 일일까요? 그렇지 않습니다. 우리가 기억하듯이 우리 조상들은 이미 제임스 와트 이전부터 방법을 알고 있었고, 기발한 도구도 만들었습니다.
200년 전에 만들어진 쇠를 구부리는 도구가 프랑스 농촌 마을에서 나왔는데 모양새는 어설퍼도 기발했습니다. 우리는 이 도구를 영국 국립농과대학으로 가져가 학생들에게 말했습니다. "여러분, 이 도구를 더 낫게 만들 수 있습니다. 지금 시대에 맞게 개선해보세요. 수학 지식과 모든 재능을 동원해 곡도曲度를 만들어보세요." 그 결과 지금까지 쇠를 구부리는 도구는 아무리 적어도 700파운드 비용에 전기를 일으킬 외부 발전까지 따로 있어야 하는 데 비해, 1974년의 지적 수준으로까지 개선된 새 도구는 마을 대장장이면 누구나 충분히 사용할 수 있게 되었습니다. 7파운드 정도의 비용에 전기도 필요치 않아 누구나 도구를 만들 수 있습니다. 산업혁명시대 이전으로 돌아가자는 이야기가 아닙니다. 지금까지와는 다른 방식으로 지식을 활용하는 게 가능하다는 점을 사례를 통해 알려드리는 것입니다.

저는 농촌 지역에서 농업 말고 산업에도 관심을 가져야 한다는 점을 강조하고 싶습니다. 토지는 한정되어 있고 인구는 계속해서 증가하므로 땅을 더 잘게 나눠야 합니다. 따라서 농촌 지역에도 산업이 생겨나야 합니다.

몇 해 전 저는 델리에서 90마일 정도 떨어진 쿠르자Khurja를 방문했습니다. 1940년대 말 인도 정부는 쿠르자가 도자기 생산에 이상적인 곳이어서 인도는 도자기를 수입할 필요가 없다고 발표했습니다. 하지만 정부가 도자기 개발단지를 세웠지만 아무 진척이 없었습니다. 개발단지로 일류 기술자들을 불러 모았습니다. 그 중 한 명인 샤르마Mr. T. N. Sharma는 개발단지에서 아무도 기술문제에는 관심이 없다는 것을 깨닫고 자신을 외국에 파견해 기술을 공부할 수 있게 해달라고 정부를 설득했습니다.

인도를 떠날 때는 일개 샤르마 씨였지만 돌아올 때는 샤르마 박사가 되어 있었습니다. 유학에서 돌아오자마자 그는 캘커타에 있는 대기업이 경영직을 제안하자 수락했습니다. 그러다가 갑자기 예전에 했던 결심이 떠올랐습니다. "오! 하나님, 저는 쿠르자에 있는 가난한 사람들을 도우려고 했습니다." 그는 쿠르자로 돌아가 외국에서 접했던 수많은 기술 가운데 가난한 사람들에게 도움이 될 만한 기술을 선별했습니다. 12년이 채 안 되어 쿠르자에는 300개가 넘는 도자기 공장이 우후죽순 생겨났습니다.

직접 가서 보니 쿠르자에는 가정용 자기류와 병원용 자기류, 전기용 자기류를 만들며 생계를 꾸려가는 사람들이 약 3만 명이나 되었습니다. 이것은 기적 같은 일입니다. 300개의 작은 공장이라니! 제 마음을 온통 사로잡았습니다. 쿠르자 지역 여기저기를 둘러보다가 저는 직원을 300명 고용하고 있는 사장을 만나게 되었습니다. 어디 출신인지 물어보자 펀자브에서 왔다고 대답했습니다.

그에게 "여기 쿠르자에는 왜 오셨나요? 원래 전통 도예공이신가요?"라고 물었습니다. "아뇨, 저는 농촌 출신입니다." "그럼 왜 고향을 떠나셨나요?" "땅이 없어서지요. 형님이 땅을 물려받았거든요." "그러면 도자기 기술은 어디서 배우셨나요? 지금은 도자기 공장을 운영하고 계신데요." "샤르마 박사님께 배웠습니다." "그렇군요. 샤르마 박사가 제반시설을 제공해서 도자기 기술을 훈련시켰군요. 하지만 경영은 어디서 배우셨죠?" "무엇을 배워요? 아, 공장 운영을 말씀하시는건가요?" "그러니까, 당신은 고향 마을의 농장을 떠나온 300명의 직원을 거느리고 있잖아요. 당신 같은 기업가들이 여기서 고용하고 있는 직원이 도합 3만 명이나 되거든요. 파산하는 공장은 많은가요?" "파산했다는 얘기는 들어본 적이 없습니다." 우리는 이 점에 대해 생각해봐야 합니다. 이 사람은 상당히 솔직했기에 거짓말을 하고 있다는 생각은 조금도 들지 않았습니다. 다른 사람들에게도 물어보았습니다. 극도로 복잡한 기술을 만들어왔기 때문에 우리는 이 모든 것이 극도로 복잡할 것이라고 추측하지만, 현실로 돌아와 생각해보면 정말로 소박한 차원의 기술을 운영하게 되면 경영 자체가 더는 골치 아픈 문제가 될 수 없다는 것을 알게 됩니다.

얼마 전 식당에 갔는데 옆 테이블에 여덟 살에서 열 살 정도 되어 보이는 똑똑하게 생긴 남자아이가 부모님과 함께 메뉴판을 보고 있었습니다. 아이가 먼저 "저는 간이랑 베이컨을 먹을래요"라고 말했습니다. 종업원은 주문을 받으려고 기다리고 있었고, 아빠와 엄마는 여전히 메뉴판을 보고 있었습니다. 잠시 후 아빠는 스테이크 요리 세 개를 주문했습니다. 종업원은 "스테이크 요리 두 개, 간과 베이컨 요리 하나, 이렇게 맞으시죠?"라고 말하며 자리를 떴습니다. 그러자 아이가 엄마를 보며 말했습니다. "엄마, 저 누나는 나도 인간으로 쳐주는데요."

'내가 실제 인간으로 존재하는가?'라는 의문은 미국처럼 특히 거대한 나라에서 자주 나옵니다. 저는 장시간 똑같은 노동을 지루하게 하던 사람들이 우연한 기회나 정책에 의해 드디어 '인간으로서' 대접받게 되는 일이 산업현장에서 일어나곤 하는 것을 보아왔습니다. 방금 예로 든 소년과 비슷한 경험을 하는 셈입니다. 그들은 "오 하느님, 제가 여기서 실제 인간으로 존재해요. 단순히 목적을 위한 수단이 아닙니다"라고 생각합니다.

그렇습니다. 여러분은 삶에서 실제로 존재하고 소중하고 영원하며 진정한 가치를 지니는 것과, 반대로 사소하고 우습고 일시적이고 아무 가치도 지니지 못하는 것을 구별하는 방법을 배워야 합니다. 여러분의 지혜로 둘을 구별할 줄 알아야 합니다. 여러분은 세상을 소음으로 시끄럽게 만드는 사소하고 일시적인 것들이 아니라 정말로 가치 있는 것들에 매달려야 합니다. 이것이 바로 종교의 가르침입니다.

종교마다 전달 방식은 달라도 가르침을 따르지 않을 경우 삶이 불행해지고 엉망이 될 것이라는 내용은 어디서나 한결같습니다. 저는 오랜 시간 동안 종교가 왜 그렇게 여러 갈래로 나뉘었는지 생각해본 적이 있습니다. 아마도 사람들이 현실적으로 가장 잘 맞는 종교를 선택하도록 하기 위해서일 것입니다. 제 입장에서는 로마가톨릭의 가르침이 가장 현실적인 셈입니다.

요즈음 저는 다음과 같은 엉뚱한 물음에서 위안을 얻곤 합니다. "인간처럼 놀라운 존재가 어떻게 원자들의 우연한 조합으로 생겨났겠는가? 말도 안 되지. 참으로 바보 같은 생각이지. 인간이 어떻게 생겨나게 되었는지는 모르지만 나는 신이라는 존재가 있다고 믿는다." 보다 고양된 단계에 대한 믿음을 갖게 되는 순간 조물주가 여러분이나 나처럼 수다스러운 존재를 만들어 생명을 부여해놓고 한마디 가르침도 주시지 않았다는 게 있을 수 없다는 생각이 들 것입니다. 실제로 신은 삶 속에서 우리와 교신하고 있습니다. 이 교신을 한마디로 '계시'라고 부릅니다.

인류에게는 수많은 경전이 있고, 저는 오랜 세월 동안 기독교뿐만 아니라 여러 경전을 연구한 뒤 인간과 연결되어 교신하는 영혼이 공통적으로 모든 종교에 있다는 것을 깨달았습니다. 때로 오묘하게 다양한 수단으로 가르침을 주시기에 신의 메시지를 알아차릴 수 있도록 항상 전력을 다해야 합니다. 저절로 알 수 있는 게 아닙니다. 메시지는 우리가 사는 동안 받을 수 있는 위대한 교육이며, 일단 가르침을 알게 되면 우리는 불현듯 더는 걱정할 필요가 없다는 사실을 깨닫게 됩니다. 우리에게 삶을 살아갈 에너지가 생겨나며 참과 거짓 물음을 구별할 수 있게 됩니다. 그러면 행복해집니다.

우리 체제는 극도로 파괴적이 되었습니다. 이런 상황을 초래한 형이상학적·철학적·종교적 원인에 대해 심사숙고해야 합니다. 최근에 많이 들려오는 공유지의 비극[19]은 우리가 형이상학적 퇴보로 고통 받고 있음을 잘 보여줍니다. 왜냐하면 서유럽에는 그동안 공유지를 잘 돌보아온 역사적 사실이 엄연히 존재하기 때문입니다. 그러나 인간이 이 세상을 돌볼 청지기라거나 이 세상을 위임받은 위탁자라는 생각이 한번 머릿속에서 떠나고 나면 공유지는 이제 유지될 수 없습니다. 그래서 우리는 이런 원인들을 인식해야 합니다.

참된 가치를 회복하지 않은 채 그저 현재 시스템을 땜질하는 것으로는 아무 효과도 거둘 수 없습니다. 아무리 미약하더라도 새로운 구조에 가치를 접목시켜야 하며 가치에서만 변화를 추구하는 것은 아무 소용이 없습니다. 우리 모두 알고 있듯이 태초에 말씀이 있었고, 그 말씀이 우리에게로 와 우리의 육신이 되어 우리 가운데 기거해야 한다고 늘 들어왔기 때문입니다.

지금 우리는 현대 문명이 낳은 중대한 위기에 봉착해 있는데, 그것은 현대 문명이 인류에게서 두 명의 스승을 앗아갔기 때문입니다. 두 명의 스승은 과연 누구일까요? 하나는 신비로운 체계를 지닌 살아 있는 자연입니다. 도시 문명은 대

---

19 공유지의 비극 The Tragedy of the Commons은 1968년 『사이언스』지에 실린 생물학자 가렛 하딘의 논문 제목이다. 목초지나 어장과 같이 공동체가 함께 사용할 공동소유 자산을 시장의 원리에 맡길 경우 개인은 사적 이익을 극대화하기 위해 공유지를 남용하게 되고 마침내 공공재를 훼손하게 된다는 이론이다.

자연과 연계되어 있지 않습니다. 다른 하나는 인류가 오랫동안 지켜온 전통적 지혜와 가치입니다. 우리는 오래된 지혜와 가치를 내다버린 뒤 객관적 과학이라는 터무니없는 체계를 불러들였습니다.

지금의 위기를 인간이 진정 무엇인지를 우리 마음속에 되살리는 계기로 삼아야 합니다. 저 역시 새로운 내용을 전하려는 게 아니라 오래된 지혜를 다시금 일깨우려고 노력할 뿐입니다. 인간의 본질에 대해 여러 가지 설명이 있지만 결국 인간은 신의 위치에서 지상으로 내려온 존재라는 것입니다. 인간은 신의 아들이거나 딸입니다. 둘째로 인간은 사회적 존재이며 혼자서 살 수 없습니다. 인간은 사회적 환경 속에 놓여 있습니다. 마지막으로 인간은 불완전한 존재입니다. 인간이 이 세상에 온 것은 자신을 완성하기 위해서입니다. 인간에 대한 모든 윤리와 가르침은 바로 이런 통찰력을 바탕으로 형성되었습니다. 하느님이 보내신 존재이기에 인간은 전통적 언어를 통해 신을 사랑하라는 부름을 받습니다. 사회적인 존재이기에 인간은 자신의 이웃을 사랑하도록 부름을 받습니다. 그리고 불완전한 개별적 존재이기에 인간은 자신을 사랑하도록 부름을 받습니다. 인간이 만든 사회조직에는 이 세 가지 절대적 욕구가 반드시 반영되어야 합니다. 이 욕구가 충족되지 않는다면 인간은 불행하게 되고, 파괴적이 되며, 야만적인 자살 미치광이가 될 것입니다. 사회·정치·경제 조직에 인간의 욕구가 반영되어야 합니다.

하지만 현실은 그렇지 못합니다. 세 가지 가운데 가장 낮은 단계인 세 번째 욕구부터 살펴봅시다. 즉 인간이 하느님의 자녀로서 창조되었다는 것을 느끼려면, 즐겁고 쓸모있는 노동을 통해 자신을 완성시켜나가야 합니다. 하지만 대부분의 직업에서 만족감을 느끼기 어렵습니다. 왜냐하면 대부분의 직업은 아무 일이나 다 할 수 있을 정도로 매우 단조롭게 짜여 있기 때문입니다. 사람들이 더는 그런 일을 받아들이려 하지 않기 때문에 세계 곳곳에서 이런 노동은 임계점에 도달하고 있습니다. 그러나 변화가 급격하게 일어나지는 않을 것입니다. 이주 노동력이 있는 곳에서는 아직까지도 그런 일을 떠넘길 수 있기 때문입니다. 이것도 이제 거의 끝나가고 있습니다. 그렇게 되면 최근 이런 일을 떠맡아왔던 이주 노동력이 거의 사라진 영국 같은 곳에서는 산업에 애로사항이 생기게 됩니다. 영국에는 독일이나 다른 유럽국가만큼 외국인 노동자가 없는 데다 영국인들은 그런 노동조건을 견뎌내지도 못합니다. 영국인들은 "심사숙고해서 인도적 차원의 노동을 만들어내야죠"라고 말합니다.

이웃을 섬기려는 두 번째 욕구와 하느님으로부터 생겨난 존재로서의 도덕적 본성에 걸맞게 행동하려는 첫 번째 욕구는 인간이 속한 조직의 규모가 커질수록 좌절되기 마련입니다. 우리가 서로의 얼굴을 맞대고 만나서 의사결정을 하는 것은 작은 규모의 조직에서만 가능합니다. 규모가 큰 조직에서는 대다수 힘없는 사람들이 규칙과 규정을 이행해야 하는데, 이때 규칙과 규정이 결코 공정할리 없습니다. 토마스 아퀴나스는 "자비로 단련되지 않은 정의는 잔인하고, 정의로 통제되지 않는 자비는 파멸의 어머니"라고 말했습니다. 큰 규모의 조직으로선 무수히 많은 규칙과 규정뿐 아니라 고객이나 손님을 다룰 사람들도 필요합니다. 이들은 자신의 도덕적 본성에 따라 행동할 수 없습니다. 죄송하지만 자신도 주어진 규칙을 수행하라고 여기 있는 것이며, 일이 정말로 공정하지 못한 건 맞지만 여기서 자기가 할 수 있는 것은 아무것도 없다고 말할 뿐입니다. 이런 식으로 사람들의 도덕적 본성이 꺾이게 되면 엉뚱한 결과가 나올 가능성이 있습니다. 잘못된 구조로 인해 사람들이 공들여 쌓은 선의와 도덕이 거대 조직이 갖는 이데올로기를 거치면서 비도덕적이고 사악한 결과를 낳을 수 있습니다.

다른 방식으로 이야기해보죠. 우리의 삶 전반을 아우르며 설명하는 게 여러 가지로 나은 점이 있습니다. 말하자면 규모 설정이 잘못되면 필연적으로 T.L.C Tender Loving Care가 상당부분 손실된다는 것입니다. T.L.C는 조직을 잘 돌아가게 하는 유일한 윤활제입니다. T.L.C를 어디서 구할 수 있느냐고 묻는데, 우리 스스로 만들어낼 수 있습니다. T.L.C란 '다정, 사랑, 보살핌'을 뜻하며, 바로 우리 삶이 필요로 하는 것입니다. 시스템에서 '다정, 사랑, 보살핌'이 떨어져 나가면 일의 생산성은 떨어지고 비용은 많이 들게 됩니다. 이를 잘 보여주는 사례가 농업입니다. 기술 발달로 인간의 노동력이 불필요해지면서 화학물질과 대규모의 기계화가 다정한 보살핌을 대체하게 되었습니다. 이런 농업체제는 재생 불가능한 화석연료에 전적으로 의존하고 있고, 자연과 함께 일하기보다는 자연을 못살게 굴기 때문에 지금 이 체제에서는 참된 미래가 없다고 하겠습니다.

매우 흥미롭게도 영국에서는 정책 입안자들이 좋은 농지를 택해 새로운 공공주택단지를 건설하려고 하면 환경운동가들이 나서서 이것은 땅을 소외시키는 것이고, 조만간 농지가 부족하게 될 것이라고 항의하는 일들이 몇 번이고 되풀이됩니다. 식량생산이 가능한 농지를 이런 식으로 거둬가는 것은 범죄 행위입니다. 하지만 3~4년 후에 와보면 그 땅에 정착한 50가구가 텃밭에서 농사를 지어 예전의 농가보다 더 많이 수확한 것을 보게 됩니다. 땅에 다정한 보살핌이라는 요소가 회복되었기 때문에 가능한 일입니다.

문제는 땅의 수용 능력에 달려 있습니다. 가족 단위로 집약적으로 이루어질 때의 식량 생산량이 기계로 돌아가는 대규모 농가보다 단위면적당 생산량에서 평균 5배나 더 높다는 사실을 많은 연구들이 보여줍니다. 국내식량의 절반 정도를 생산하는 영국의 경우 오늘날 영국인들은 - 저는 이들을 앞으로만 달려 나가는 떼거리들이라고 부르고 싶은데 - 화학물질의 사용을 계속 늘려서라도 산출량을 두 배로 늘려야 한다고 목소리를 높이고 있습니다. 그리고는 이렇게까지는 아무래도 어렵다고 하면서도 당장 영국의 식량 생산량을 연간 3.5%까지 향상시키겠다는 무리한 계획을 짜고 있습니다. 실제로는 해마다 생산량이 약 7%씩 떨어지고 있습니다. 이 사람들은 도대체 바꿀 수가 없습니다. 그렇다면 영국이 진짜로 농업이 가능한 나라인지 반문해볼 필요가 있습니다. 제가 보기에 농업은 여력이 없고, 영국에는 원예업이 적당합니다. 원예업은 단위면적당 아주 높은 생산량을 내고 있습니다. 이렇게 가려면 새로운 구조가 필요합니다.

이 일이 지금부터 우리가 해야 할 진취적인 작업입니다. 세부사항까지 만들어야 합니다. 우리가 매일매일 얼마나 형편없는 일을 하고 있는지 자각하고, 어떻게 하면 내일은 더 나은 일을 할 수 있을지 물어야 합니다. 매우 정상적으로 생각되는 것 속에 담겨 있는 비정상성을 찾아내야 합니다.

이 체제는 잘못되었고, 정상적으로 작동하지 않습니다. 이런 방식이 한층 강화된다면 광신적인 사례는 세 배로 늘어날 것입니다. 광신이란 잘못된 길을 가는 줄 알면서도 이전보다 두 배로 빨리 가려고 애쓰는 태도를 말합니다. 자신을 둘러싼 세계가 무너지고 있으며, 진짜 문제는 이것인데도 사람들은 오직 생활수준을 높이는 데만 점점 더 몰두합니다. 제가 보기에 소위 선진국이라는 나라에서 덩치가 크고 건장한 남자조차 해가 진 뒤 혼자 집으로 걸어가는 것이 매우 위험하다는 사실은 결코 가볍게 생각할 문제가 아닙니다. 바로 이것이 현실이지 기계장치들은 현실이 아닙니다. 제가 강도를 당한다면 그것이 바로 현실입니다.

이제 제게 어떤 교훈을 준 제 삶의 어느 순간에 대해 이야기해볼까 합니다. 그때는 전쟁 중이었고, 저는 영국의 한 농장에서 인부로 일하고 있었습니다. 제 임무는 아침식사 전에 멀리 떨어진 언덕에 가서 들판에 소가 몇 마리인지 세고 오는 것이었습니다. 가서 보면 소는 항상 32마리가 있었습니다. 저는 소를 세어 본 뒤 토지관리인에게 돌아가 인사를 하고는 "소장님, 32마리입니다"라고 보고하고 아침식사를 했습니다. 한번은 들판에 나가는데 어떤 나이 든 농부가 들판 초입에 서 있다가 제게 말을 붙여왔습니다. "여보게, 젊은이. 매일 아침마다 여기서 뭘 하는 게요?" 저는 대답했습니다. "특별한 건 아니고요. 그냥 소가 몇 마리인지 세봅니다."

그러자 농부는 고개를 저으며 말했습니다. "그렇게 매일 소를 세고 있다고 소가 잘 자라는 게 아니라오." 저는 여느 때처럼 관리인에게 가서 소가 32마리라고 보고했습니다. 돌아오는 길에 저는 이렇게 생각했습니다. '흠, 어쨌든 나는 통계 전문가야. 시골사람들이 뭘 알겠어.'

그러던 어느 날 들판으로 가서 소를 셌는데 이번엔 31마리밖에 없었습니다. 없어진 놈을 찾느라 하루를 낭비하고 싶지 않았기에 저는 관리인에게 가서 소들이 31마리라고 보고했습니다. 그는 매우 화가 나서 말했습니다. "일단 아침을 든 뒤 같이 들판으로 가보죠." 우리는 들판으로 가서 이곳저곳을 뒤져보았는데, 정말 덤불 밑에 소 한 마리가 죽어 있었습니다. 저는 조용히 생각했습니다. '나는 지금까지 이 소들을 왜 셌던 걸까? 소가 죽는 것도 막지 못했으면서.' 아마도 이것이 농부가 말해주려고 했던 지혜겠지요. 소들은 한 마리씩 잘 살펴보고 건강상태에도 주의를 기울여주지 않으면 잘 자랄 수가 없습니다. 눈도 살펴보고 털의 광택도 유심히 봐야 합니다. 그랬더라면 저는 이렇게 얘기했을지도 모릅니다. "몇 마리가 있는지는 잘 모르겠지만 한 마리가 상태가 안 좋아 보이던데요." 그러면 그 소는 목숨을 잃지 않았겠지요. 이 사건은 제게 깨달음을 주었습니다. 인류가 남긴 모든 전통문화는 공통적으로 숫자로 따지는 일에 큰 적대감을 갖고 있다는 것을 알게 되었습니다. 여러분들 가운데 얼마나 많은 분들이 성경에 대해 알고 계신지 모르겠지만, 성경의 역대기와 열왕기 두 곳에도 이런 적대감이 나와 있습니다. 인구조사를 최초로 했던 사람은 다윗 왕이었는데, 인구조사를 행한 행동은 하느님을 크게 진노케 했습니다. 하느님은 다윗에게 형벌 세 가지 중 하나를 고르게 했습니다. 그러자 다윗은 말했습니다. "예, 맞습니다. 저도 제가 죄를 지었음을 잘 알고 있습니다." 그는 이의를 제기하지 않았습니다. 여러분도 아시겠지만 옛 유대인들은 매우 자유롭게 논쟁을 펼치곤 했습니다. 다윗 왕은 즉시 인구조사를 한 행동이 어떤 잘못을 저지른 것인지 이해했습니다.

그것은 수치 단위로 셀 수 없는 인간을 마치 수치 단위처럼 취급했다는 것이었습니다. 우리 한 사람 한 사람은 신이 만드신 우주이기 때문입니다.

옮긴이의 글

# 슈마허를 찾아가는 길
E. F. 슈마허의 생애와 사상

박혜영 인하대학교 영문학과 교수

약 십년 쯤 전에 나는 영국의 슈마허 칼리지에서 열린 생태 강좌에 참여하면서 슈마허를 처음 알게 되었다. 슈마허를 찾아가던 길은 멀고도 아름다웠다. 런던에서 기차를 타고 찾아간 잉글랜드의 토트네스는 시인 블레이크가 예루살렘이 이 지상에 다시 온다면 악마의 맷돌이 도는 공장지대가 아닌 잉글랜드의 밝고 푸르른 들판일거라고 말했던 바로 그 들판과 구불구불하게 흐르는 야트막한 언덕과 소박한 농가들로 이루어진 유서 깊은 작은 마을이었다. 슈마허 칼리지는 매우 넓은 달링턴 영지 한 편에 자리한 대안교육기관이었는데, 지금까지와는 다른 방식으로 일하고, 생각하고, 살아가는 길을 모색하는 작은 학교에 의미심장하게도 다름 아닌

E. F. 슈마허의 이름이 붙어 있었다. 내가 떠나온 저 바깥세계에서는 지구화, 구조조정, 자유무역으로 온 세상이 시끄러웠지만 토트네스는 마치 중세와 근세의 어느 지점쯤에서 걸음을 멈춰버린 듯 여름날의 풍경도 마을사람들의 얼굴도 더없이 느릿느릿하게만 흘러갔다.

슈마허 칼리지에서 요리도 하고, 밭일도 하고, 산책도 다니고, 공부도 하면서 나는 점차로 우리가 학교에서 배운 지식으로는 결코 다른 세상을 만들 수 없을 거라는 생각을 갖게 되었다. 지금 우리에겐 그 어느 시대보다도 더 많은 수의 과학자와 기술전문가들이 있지만 보통사람들이 실제로 좋은 삶을 꾸려가는 데는 그런 지식이 별 도움이 되지 않는다고 느꼈다. 우리 할머니 세대가 누린 삶의 지혜보다 더 깊어진 것이라면 과학기술이나 경제관련 지식 정도인데, 이것은 우리가 산업기술사회의 유능한 인적자원이 되는 데는 요긴할지 몰라도 사실상 우리의 영혼을 평화롭고 풍요롭게 만드는 데는 그다지 상관없는 지식이기 때문이다.

가령 우리는 가본 적도 없는 우주의 물리적 현상은 꿰뚫고 있으면서도 정작 자기가 사는 고장의 새와 나무에 대해서는 아는 바가 없으며, 인간의 염기배열과 유전정보는 낱낱이 파헤쳤으면서도 정작 자기 아이들의 마음속을 들여다볼 지혜는 배우지 못하고 있다. 과학과 기술이 놀랍도록 발전한 지금, 우리 세대는 인류 역사상 처음으로 자연과도, 전통과도, 다른 존재와도 단절된 채 철학적 성찰도 할 줄 모르는 영혼 없는 유전자 취급을 받게 되었다. 이런 비극은 인간에게만 일어나지 않았다. 자연도 마찬가지여서 한때는 신의 공예품으로 신비와 두려움의 대상이던 자연이 이제는 경제발전에 필요한 각종 자원의 임시저장고로 취급되고 있다. 물과 공기, 숲에도 신성한 영혼이 있다고 믿던 시절에는 인간이란 성스러운 대지 위에 잠시 머물다 가는 나그네일 뿐이라고 생각되었지만 자연마저 공산품이 되어버린 오늘날에는 무엇보다 인간이 이 행성의 주인이라는 무책임하고 교만한 생각들로 가득할 따름이다.

슈마허는 현대 산업사회가 낳은 총체적 난국은 이와 같은 무지와 오만으로 인해 인간이 지상의 '순례자 Homo Viator'로서의 자신의 운명을 망각하면서부터 시작되었다고 보았다. 슈마허가 대안경제학자로서, 영국의 〈국립석탄위원회〉 자문관으로서, 〈중간기술개발그룹〉의 창안자로서, 그리고 『작은 것이 아름답다』, 『당혹한 이들을 위한 안내서』와 같은 책의 저술가이자 강연가로서 일평생 쉬지 않고 유럽과 아시아, 아프리카에서 벌였던 수많은 활동은 바로 인류에게 이런 깨달음을 전해주고자 걸어간 일종의 종교적 순례였다고 할 수 있다.

## 성장을 위한 경제에서 인간을 위한 경제로

에른스트 프리드리히 슈마허는 1911년 독일의 본에서 태어났다. 아버지인 허만 슈마허는 독일의 본 대학과 베를린 대학에서 교수를 역임한 저명한 경제학자였지만 사실 슈마허가 경제학을 전공하게 된 계기는 1차 세계대전동안 자신이 직접 겪었던 독일의 비참한 경제현실에서 비롯되었다. 전쟁 중에 생필품 부족으로 겪었던 배고픔의 고통은 말할 것도 없고, 전후 독일에 불어닥친 높은 인플레이션과 1929년부터 시작된 대공황의 고통은 슈마허에게 경제문제의 중요성에 대해 깊은 인상을 남겼다.

슈마허는 1932년 선거에서 다수당이 된 나치당과 히틀러에 대한 대중들의 폭발적인 지지를 지켜보면서 전후 독일이 처한 경제적 어려움이 안으로는 독일의 민주주의를 위협하고 밖으로는 또 다른 세계대전을 불러올 수 있음을 일찍이 간파하였다. 이런 까닭에 독일을 떠나 영국의 옥스퍼드 대학에서 공부하는 동안에도 슈마허는 생산, 분배, 소비에서의 국제적 협력관계의 중요성과 국제사회에서의 경제적 불평등과 종속관계가 사라지지 않는 한 영구평화는 불가능하다는 생각을 하게 된 것이다. 한편에는 과도한 흑자를 내는 소수의 국가들이 존재하고, 다른 반대편에는 도저히 갚을 수도 없는 빚더미에 허덕이는 대다수 적자국이 존재하는 지금의 경제 시스템으로는 언제든지 전쟁이 일어날 수밖에 없다고 보았다. 전쟁의 원인이 국제적 무역불균형과 교환체제의 실패에서 비롯되었다고 판단한 슈마허는 나중에 이 생각을 더욱 발전시켜 전후 다자간 무역을 활성화할 새로운 교환체제의 설립을 고안하였다. 그가 제안한 새로운 방식의 다국적 결제 시스템은 케인즈의 논문에도 중대한 영향을 끼칠 만큼 매우 혁신적인 것이었다.

슈마허는 히틀러의 등장을 계기로 경제적 고통이 어떤 정치적 혼란을 불러올 수 있는지 몸소 경험했지만 경제문제에 대한 그의 관심이 본격적으로 정치적 차원까지 확대된 것은 2차 세계대전 동안 접했던 마르크스 사상 덕분이었다. 부친의 뜻과 달리 히틀러 정권에 협력하길 거부했던 슈마허는 결혼과 함께 다시 영국으로 돌아가게 된다. 하지만 곧 이어 발발한 2차 세계대전으로 그는 적국敵國 신분이 되어 사랑하는 아내와 아이들과도 헤어진 채 영국 정부에 의해 3개월간 강제수용소에 수감되었다. 육체적 고통과 정신적 불안으로 견디기 힘든 나날이었음에도 불구하고 슈마허는 이 때 만난 마르크스주의자 쿠르트 나우만의 영향으로 마르크스 사상에 깊이 몰두하게 되었다. 수용소에서 풀려나 에이돈 농장에서 일자리를 얻게 된 뒤에도 그는 마르크스의 저작들을 계속 탐독함으로써 경제학이란 보다 나은 삶을 위한 수단일 뿐 경제 그 자체가 결코 목적이 될 수 없다는 신념을 갖게 되었다.

1950년에 슈마허는 영국 노동당 정부가 국유화한 국립석탄위원회의 경제자문가로 다시 독일에서 영국으로 돌아오게 되었다. 이 때 슈마허는 자본주의식 산업농법을 비판하고 유기농법을 강조한 영국 최대의 유기농협회였던 〈토양협회〉에도 관여하게 되는데, 이때의 경험으로 재생 불가능한 에너지 문제, 화학농법에 의한 토양문제, 건강한 육체노동의 중요성과 연관된 총체적인 생태문제에 눈뜨게 되었다. 슈마허는 정치체제와 상관없이 모든 국가가 산업발전을 경제의 최우선 목표로 견지하는 한 앞으로 인류는 계속되는 자원고갈, 토양부식, 농촌파괴, 비인간적인 산업노동, 기계에의 종속과 같은 폐해를 결코 피해갈 수 없다고 보았다. 공산주의건 자본주의건 간에 무한한 경제성장을 목표로 하는 산업주의 체제는 본질적으로 매우 폭력적이어서 자연뿐만 아니라 궁극적으로 인간의 영혼마저 파괴하기 때문이다.

산업사회체제 전반에 관한 슈마허의 도덕적 성찰은 1954년 버마를 방문하면서 더욱 깊어졌다. 버마 정부는 자국의 빈곤문제를 해결하고자 선진국의 저명한 경제학자를 초청했는데 아이러닉하게도 슈마허는 가난한 나라 버마에서 오히려 서구 문명의 문제점을 더욱 분명하게 보았을 뿐 아니라 나아가 불교경제학을 통해 서구의 문제를 해결할 대안까지 깨닫게 되었다. 경제에서 관심을 가져야할 진짜 중요한 문제는 '물질'이 아니라 바로 '인간'임을 자각하게 되면서 슈마허도 러스킨, 간디와 마찬가지로 경제문제를 도덕적, 혹은 종교적 관점에서 성찰하게 되었다. 적게 원했기 때문에 만족하고 행복하게 살고 있는 버마사람들의 평화로운 삶은 경제의 본래 목적이 물질적 번영이 아닌 마음의 평화와 영혼의 안식을 얻는데 있음을 잘 보여주었다. 최소한의 자원으로 꼭 필요한 재화만 생산하는 버마의 불교경제와 급증하는 환경오염에도 불구하고 대량생산, 대량소비, 대량폐기의 악순환 속에서 남아돌 만큼 재화를 생산하는 서구경제를 비교하면서 슈마허는 참된 문명이라면 무엇보다 지속가능해야 한다고 하였다.

> 불교경제학은 재생 가능한 자원과 재생 불가능한 자원을 구별한다. 임업이나 농업에서 나온 생산물처럼 재생 가능한 자원에 토대를 둔 문명은 바로 그 점 때문에 석유나 석탄, 금속과 같은 재생 불가능한 자원에 토대를 둔 문명보다 더 우월하다. 왜냐하면 전자는 지속가능한 반면 후자는 지속될 수 없기 때문이다. 전자는 자연과 협력하는 반면 후자는 자연을 강탈하기 때문이다. 전자에는 생명의 기색이 있지만 후자에는 죽음의 기색만 남게 된다.
> 『슈마허 전기』

슈마허는 참다운 경제학이란 불교경제학처럼 자연 속에서 진정한 '한계'를 인식하는 것이자 간디가 생각한 경제학처럼 인간의 '도덕'과 '영성'에 토대를 둔 것이라고 보았다. 그는 참된 행복과 풍요는 '성장', '발전', '물질', '소유' 등에 대한 우리의 생각과 의식을 바꿈으로써 얻을 수 있다고 보았다. "우리는 모두 좋은 사람이 될 필요가 없는 그런 완벽한 시스템을 찾고 있다"라는 간디의 비판에 공감한 슈마허는 사실상 혁명이 필요한 곳은 시스템이 아닌 그런 시스템을 만들고 움직이는 사람들의 정신, 즉 형이상학임을 알게 되었다. 이런 차원에서 몰두한 실험이 바로 1960년대에 자신이 직접 경영에 참여했던 스콧 배더라는 공동소유권 기업이었다. 스콧 배더는 보통의 공기업이나 사기업의 경영방식과 달리 자발적으로 설립된 '직원위원회'를 통해 모든 종업원들이 평등하고 민주적인 방식으로 경영에 참여했던 영국 최초의 공동소유권 회사였다.

슈마허는 스콧 배더의 경험을 통해 민주적 의사결정을 위해서는 기업의 규모와, 임금격차, 수익에 이르기까지 적절한 제한을 둘 필요가 있으며, 이런 한계를 구성원들이 스스로 결정할 때 지역에 토대를 둔 기업의 이윤이 다시금 지역 안에서 재순환된다는 것을 성공적으로 입증하였다. 소유의식의 변화에 관한 이 실험은 지금까지 우리가 맹종해온 서구적 형이상학들, 가령 규모, 성장, 부富, 소유에 대한 '거대주의'의 미신에서 벗어나 작은 것들, 다시 말해 약자들의 관점에서 기업을 경영하기 시작할 때 실제로 얼마나 많은 평범한 사람들이 경제활동을 통해 참다운 풍요를 누릴 수 있는지 그 지혜를 보여준 사례가 되었다.

## 거대 기술에서 중간기술로

1962년의 인도 방문을 계기로 경제성장에 대한 슈마허의 비판은 현대 과학기술에 대한 비판과 함께 대안적인 기술에 대한 연구로까지 확대되었다. 슈마허는 인도 대륙을 돌아다니며 간디가 제안했던 자급자립의 전통적 지혜가 아닌 서구식의 무분별한 경제개발이 인도 전역으로 확대될 경우, 과실은 소수에게 돌아가는 반면 그에 따른 고통은 대부분의 약자들이 떠맡게 된다는 것을 직접 목격하였다. 무차별적인 자연파괴로 가난한 사람들은 더 이상 자연에서 일용할 양식을 구할 수 없었고, 공장에서 대량생산된 값싼 물건으로 지역의 장인들은 일자리를 잃게 되었으며, 도시노동자들은 비인간적인 노동에 시달리느라 인간으로서의 품위와 존엄성을 상실하고 있었다. 슈마허는 인도를 둘러보며 자연재해의 결과가 아닌데도 수많은 사람들이 그토록 오랫동안 가혹한 빈곤과 전쟁에 시달리는 것은 건강한 문화에서는 있을 수 없는 일이라고 생각했다. 어떤 문화든 자신이 처한 특수한 생존조건에 가장 잘 맞는 적정수준의 삶의 방식을 찾아내지 못했다면 결코 지금까지 존재할 수 없기 때문이다. 결국 인도 민중들이 겪는 고통은 서구를 따라잡기 위한 무분별한 산업화에 따른 결과라는 것이다. 하지만 에너지 소비라는 한 가지 측면에서만 보더라도 전 세계가 서구 수준의 번영과 소비를 누리는 것은 실제로는 불가능하다고 보았다. 슈마허는 서구식 대량생산 양식이 아닌 지역고유의 자원을 이용한 지역적 생산양식을 지켜야 한다고 보았는데, 여기에 필요한 기술을 '적정기술' 내지는 '중간기술'이라고 불렀다. 중간기술이란 기술전문가의 도움 없이도 누구든지 쉽게 접근할 수 있고, 인간을 기술에 종속시키지 않으며, 중앙집중화나 관료주의적 운영방식을 낳지 않는 작은 단위의 기술을 말한다. 가난한 사람들이 권력자나 기술전문가에게 종속되지 않고 자기 지역의 자원으로 스스로를 도울 방법과 여기에 적합한 도구 개발에 필요한 기술이 바로 중간기술인 것이다. 1966년에 설립된 〈중간기술개발그룹〉은 전 세계 민중들의 오래된 지혜가 담긴 각종 뛰어난 기술적 장치와 도구들을 발굴하고 연구하기 시작했고, 그 성과로 중간기술 도구들에 대한 해설서인 『진보를 위한 도구』가 발간되었다. 이후 슈마허는 페루, 탄자니아, 잠비아와 같은 가난한 제3세계를 잇달아 방문하여 인도의 빈곤문제뿐만 아니라 남미와 아프리카의 가난한 사람들이 거대 기술, 거대 권력, 거대 자본에 종속되지 않은 채 자신들의 삶터에서 자급자립을 이룩하는 데도 중간기술이 훌륭한 대안임을 몸소 입증하였다.

중간기술에 대한 슈마허의 관심은 현대 과학기술이 우리 삶에 끼치는 막중한 영향력에도 불구하고 실제로 우리 삶을 풍요롭게 해줄 지혜에 대해서는 무지하다는 생각에서 시작되었다. 현대 과학기술은 너무나 전문적이고, 자본집약적이며, 규모가 거대해서 약자들에게 삶의 지혜를 주기는커녕 오히려 약자들의 삶을 파괴하고 있다는 것이다. "과학이란 적정한 한계를 유지할 때는 유익하지만 한계를 넘어서게 되면 사악할 뿐 아니라 파괴적으로 바뀌게 된다"라는 지적에는 한계를 넘어선 과학기술의 발전이 결국 인류의 미래에 얼마나 위험한 것인지에 대한 그의 염려가 잘 담겨있다. 슈마허는 과학에는 인간의 '이해력'(오성)을 높이기 위한 과학과, 무언가를 '조작'하기 위한 두 가지의 서로 다른 과학이 있다고 보았다. 전자가 인간의 사고능력을 높임으로써 자아해방에 기여하는 일종의 지혜로서의 앎이라면, 후자는 더 많은 지식을 축적함으로써 자기 마음대로 외부환경을 조작하려는 일종의 권력화된 앎이라고 볼 수 있다.

슈마허는 말년에 가진 물리학자와의 한 인터뷰에서 "서구 문명은 조작을 위한 과학을 진리로 받아들이는 철학적 우를 범하고 있으며, 물리학은 이와 같은 잘못을 심화시키고 있다. 물리학 덕분에 오늘날 인간은 난장판이 되었고, 우주는 목적도 의미도 없이 무질서하게 떠도는 미립자가 되었다"라고 말했다. 이것은 창조세계에 대한 경외심, 종교적 영성, 지혜의 탐구와는 멀어진 현대의 과학만능주의가 인류와 우주에 앞으로 어떤 파괴적인 결과를 가져올지를 염려한 선지자적인 탄식이었다.

슈마허는 경제와 마찬가지로 과학기술 역시 정치로부터 자유로울 수 없다고 보았다. 점점 커지고, 복잡하며, 자본집약적이고, 폭력적인 현대의 산업기술은 바로 자본주의의 산물이며, 결국은 소수를 위한 기술, 착취를 위한 기술, 비민주적이고 비인간적이며 반생태적인 기술이 될 수밖에 없다고 보았다. 현대 과학기술의 파괴성에 대한 슈마허의 성찰은 그 누구보다도 먼저 핵에너지의 위험성을 경고한데서도 잘 드러난다. 영국의 국립석탄위원회에서 일할 때부터 재생 불가능한 에너지 문제에 관심을 가졌던 슈마허는 영국의 노동당조차도 핵에너지를 효율적인 차세대 에너지로 개발하려는 것에 대해 우려를 금치 못했다. 왜냐하면 핵에너지의 위험성이란 아직까지 인류가 경험해보지 못한 완전히 새로운 차원의 파괴력이기 때문이다. 그는 『작은 것이 아름답다』에서 오늘날 우리가 구가하고 있는 전대미문의 물질적 '번영'의 기반에 대해 이렇게 경고했다. "어떤 수준의 번영일지라도 '안전하게' 다룰 방법도 모르며, 앞으로의 인류 역사와 지질학적 연대를 통틀어 모든 창조세계에 헤아릴 수도 없을 만큼 위험한 핵물질과 같은 고도의 독성물질을 대규모로 축적하면서까지 정당화될 수 있는 그런 수준의 번영이란 없다." 자신들도 안전하게 처리하지 못하는 위험천만한 핵폐기물을 무책임하게 대규모로 후손에게 떠넘겨버리는 문명이라면 절대로 지속가능할 수 없기 때문이다.

그런데 우리에겐 뛰어난 과학기술자들이 수도 없이 많건만 왜 그들은 핵에너지 개발과 같은 무분별한 과학기술이 초래할 파국적 위험을 인식하지 못하는 것일까? 마찬가지로 왜 독일의 수많은 지식인들은 히틀러의 등장과 파시즘이 초래할 파국적 세계대전의 가능성을 알아차리지도 막지도 못한 것일까? 슈마허는 2차 세계대전 직후 패전의 고통에 시달리던 독일에서의 경험을 통해 과학기술과 이성으로 무장한 소위 근대지식의 '무지'에 대해 깨닫기 시작했다. "전문가란 점점 덜 중요한 것에 대해 더 많은 지식을 쌓느라 결국에는 아무 가치도 없는 것에 대해서만 잘 알게 되는 사람들"이라는 비판은 산업사회의 소위 전문화된 지식이 전문가 자신은 말할 것도 없고, 공동체의 좋은 삶을 구현하는데도 지극히 무력하다는 슈마허의 인식에서 비롯되었다. 에너지에 대해서도 지금의 과학기술은 에너지를 오직 동력을 얻기 위한 물질로써만 취급할 뿐 에너지 그 자체가 바로 모든 생명의 시작이자 끝이며, 우리 삶의 생기이자 창조의 기쁨이라는 영적 진리에 대해서는 무지하기만 하다. 낭만주의 시인 블레이크는 「천국과 지옥의 결혼」이란 시에서 에너지란 단순한 물질이 아니라 모든 생명과 분리될 수 없는 육신과 영혼의 기쁨이자 축복이라며 다음과 같이 읊었다.

> 인간의 영혼과 분리된 육신이란 없다. 육신이라는 것은 오감을 통해 사물을 인식하는 영혼의 일부이자 영혼의 중요한 분출구이다. / 에너지는 유일한 생명이며 이것은 육신에서 나온다. 에너지에 연결되어 에너지를 바깥에서 둘러싸고 있는 것이 이성이다. / 에너지는 영원한 기쁨이다.

우리가 에너지에 대해서도 이와 같은 예민한 시적 감수성을 회복하지 않는 한 모든 생명체에 대한 과학기술의 폭력적 개입은 앞으로도 중단되지 않을 것이다. 이 지상에는 인간의 지식으로 분리할 수 없거나 분리해서는 안 되는 것들이 당연히 존재한다. 육신은 영혼과 분리될 수 없고, 에너지는 생명과 분리될 수 없다. 하지만 산업주의 방식의 분업체제와 환원주의적 과학주의 아래에서는 결국 모든 것이 쪼개지고 나뉘지고 분리될 수밖에 없다. 슈마허의 예언대로 현대 과학기술이 겸손과 지혜를 배우지 못한 채 지금처럼 자본과 권력체제에 계속해서 봉사한다면 필연적으로 모든 생명의 그물망은 부서질 것이고, 마침내 생명의 에너지마저도 이 지상에서 사라지게 될지도 모른다.

**지혜를 구하는 노동과 교육**

예민한 감수성과 뛰어난 지력으로 현대 서구 문명의 파국적 여로를 추적했던 슈마허는 결국 종교적 각성을 통한 깨달음만이 이 지상을 다시 신의 아름다운 공예품으로 되돌릴 수 있다고 생각했다. 슈마허는 토마스 아퀴나스, 성 프란체스코, 자끄 마리땡, 토마스 머튼 같은 래디컬한 가톨릭 사상가들 덕분에 오랫동안 걸었던 무신론의 여정을 뒤로 한 채 마침내 신의 품으로 귀의하게 되었다. 그가 비틀거리며 걸어간 종교적 여정은 그 자체로 슈마허가 얼마나 인간과 우주의 본질을 깨닫고자 분투하였는지를 잘 보여주는 영혼의 순례였다고 할 수 있다.

영성에 관심을 갖게 된 슈마허가 말년에 이르러 가장 몰두한 것은 '노동'과 '교육'이었다. 왜냐하면 노동은 인간이 평생 누려야할 신이 주신 은총이자 소명이고, 그런 신의 원대한 의도를 깨달아 좋은 삶에 이르려면 지혜를 구하는 교육이 중요하기 때문이다. 좋은 노동과 지혜로운 교육에 대한 슈마허의 관심도 마찬가지로 젊은 시절부터 시작되었다. 슈마허는 전후 폐허가 된 독일을 둘러보며 전혀 교육을 받지 못한 시골의 농부들이 소위 배웠다는 전문가들보다 더 세상의 이치를 두루 잘 알고 있는 현자賢者임을 직접 체험하였다. 평생 흙과 더불어 육체노동을 해온 농부가 소위 고도의 지식노동을 하는 전문가보다 더 지혜롭다면 이것은 산업기술체제에서 우리가 하는 노동과 우리가 배우고 있는 교육이 뭔가 심각하게 잘못되었다는 것을 의미한다.

산업사회에서의 노동은 돈을 버는데 목적이 있기 때문에 더 이상 우리의 영혼을 풍요롭게 해주지 못한다. 교육 역시 진리를 인식할 수 있는 직관력, 감수성, 상상력을 얻기 위해서가 아니라 오직 양적인 지식축적을 위해서만 존재하기 때문에 우리를 지혜로운 삶으로 이끌어주지 못한다. 그래서 슈마허는 노동과 교육이 지닌 본래의 참된 의미, 즉 노동과 교육의 영성적 의미를 되살리지 않는 한 대안에너지 개발과 같은 기술적 노력으로 산업주의의 파국적 진로를 되돌리기는 어렵다고 보았다. 생각해보면 슈마허뿐만 아니라 현대 기술문명을 비판했던 톨스토이, 간디, 시몬느 베이유 같은 사상가들도 산업주의체제에서의 노예노동을 비판하고 흙과 더불어 일하는 신성한 육체노동을 옹호했다. 왜냐하면 흙과 함께 하는 노동은 인간이 자연과 협력하지 않는 한 좋은 수확을 걷을 수 없으며, 모든 것에는 적절한 때가 있고, 생명은 본질적으로 신비로우며, 인간의 능력에는 한계가 있다는 것을 노동을 통해 가르쳐주기 때문이다. 슈마허는 좋은 노동을 통해 누구나 이와 같은 지혜를 얻을 수 있다고 보았다. 그에게 '지혜'란 바로 인간의 한계를 인식할 수 있는 능력을 의미하며, 한계는 머리가 아닌 심장으로 알게 되는 것이라고 하였다.

지금과 같은 서구의 풍요가 정상이 아니며 이 비정상적인 상태가 곧 막바지에 이를 것이라는 슈마허의 예언은 무엇보다도 우리의 물질적 풍요가 인간의 감각을 무디게 만들고 정신을 마비시키는 비인간적인 노예노동에 토대를 두고 있기 때문이다. 슈마허는 노동이란 신이 주신 소명이며, 그 본질은 음식이라는 자양분으로 우리의 육체가 활력을 얻듯이 우리의 영혼을 풍요롭게 만드는 데 있으며, 그런 영적 성숙을 통해 인간은 자신의 창조력을 모두 발휘함으로써 마침내 자유와 해방에 이르게 된다고 보았다. 하지만 산업사회에서의 노동은 육체노동이건 정신노동이건 간에 자신의 인격을 개발하고 창조주를 의식하게 되는 영혼의 시간이 될 수 없다. 그보다는 오직 더 많은 물질적 대가를 위해 늘리거나 아니면 여가를 즐기기 위해 가능한 줄여야 할 고통스러운 육체의 시간일 뿐이다. 영혼 없는 노동으로 인간은 돈벌이의 수단이 되었고, 악의에 찬 경쟁으로 인간 정신은 굴종과 복종에 순응하게 되었다. 신이 주신 활력과 기쁨이라는 노동의 본질이 굴종과 굴욕이라는 노예노동으로 변질됨으로써 우리의 노동시간은 해방과 깨달음의 시간이 아니라 불안과 근심, 두려움과 절망의 시간이 되어 버렸다. 그래서 지금 우리는 일을 해도, 일을 하지 않아도 모두 불안하게 되었다. 직업이 있어도 직업이 없어도 아이들도 노인도 모두 불안하긴 마찬가지이다.

슈마허는 인간이 노동을 하는 이유가 한편으로는 생활에 필요한 재화와 서비스를 위해서지만, 다른 한편으로는 각자 마음에 흡족한 일을 함으로써 지상에서의 삶에 생명의 에너지를 불어넣고, 자유로운 영혼이 되어 다른 사람과 협력하며 즐겁게 살아감으로써 『복음서』의 가르침을 이 땅에 구현하는데 있다고 보았다. 자유로운 존재가 되기 위해서는 인간이면 누구나 좋은 노동을 해야 한다는 것이다. 슈마허는 인간이 물질적 팽창을 갈망하는 '무지'에서 벗어나 자유와 해방을 구하는 참된 '순례자 Homo Viator'의 삶으로 돌아가기 위해서는 역설적이게도 매일매일 좋은 노동을 해야 한다고 보았다. 여기서 좋은 노동이란 인간이 자기중심주의에서 벗어나 자연을 보살피고 다른 사람들과 협력함으로써 자신의 삶을 하나의 예술품으로 완성해가는 것을 의미한다. 이것이 인간이면 누구나 살아가는 동안 이루어야 할 '영적인 선善'이며, 여기에 필요한 예술적 작업이 좋은 노동이라는 것이다. 자신이 하는 일에 생기를 불어넣을 수 없다면, 그래서 노동을 통해 자신을 완성시켜나가는 예술적인 삶을 꾸려갈 수 없다면 인간이란 영혼 없는 한낱 물질에 불과할 것이다. 좋은 삶을 살기 위해서는 하늘을 나는 자유로운 새들처럼 사람에게도 생계를 넘어선 다른 차원의 삶이 있어야 한다. 먹잇감만 찾아다니는 삶이 아니라 노래도 부르고, 날갯짓도 하여 대기에 온기를 불어넣고, 그래서 다른 존재에게도 말할 수 없는 활력과 기쁨을 주는 그런 삶을 가꿔나가는 것이, 말하자면 창조주가 보시기에 좋은 예술품인 것이다.

삶을 예술품으로 만들기 위해서는 지혜를 구하는 교육이 필요하다. 슈마허가 보기에 진정한 교육이란 좋은 노동과 나쁜 노동을 구별할 수 있도록 가르칠 뿐만 아니라 나아가 인간을 기계나 시스템, 자본에 봉사하게 만드는 나쁜 노동에 대해 "아니오"라고 거부할 수 있는 힘을 길러주는 것이다. 올바른 교육은 노동의 본질이 생명의 기쁨이자 에너지이며 우리가 전인적인 인간으로 성장할 수 있는 지혜임을 가르쳐준다. 우리가 전인적인 인간으로 성장하기 위해 필요한 지혜란 무엇일까? 먼저 탐욕이나 시기심 같은 자아중심적인 욕구에서 해방되어 더 높은 진리와 선과 아름다움을 발견하는 것을 말한다. 다음으로는 사랑, 동정, 공감과 같은 감수성을 고양시킴으로써 자아를 뛰어넘어 다른 사람들도 좋은 삶을 살 수 있도록 힘껏 돕는 것을 말한다. 슈마허는 산업교육에서는 불가능한 이런 삶의 지혜를 전통사회에서는 공동체마다 잘 간직하고 있었기에 그토록 오랫동안 전승될 수 있었다고 보았다. 반면 산업교육은 사람과 사람 사이를 가르고, 서로서로 경쟁시킴으로써 각자가 오직 자신의 욕구충족에만 몰두하도록 만드는데, 이처럼 남보다 앞서려는 서바이벌 체제에서는 어떤 공동체도 건강한 모습으로 후대에 전승되기 어렵다는 것이다. 산업교육은 먼저 남이 있어야 나도 존재할 수 있다는 것을 가르쳐주지 않기 때문이다.

슈마허는 두 차례의 세계대전 이후 유럽과 미국이 경쟁적으로 산업 기술 발전에 박차를 가하는 것을 지켜보았다. 그 속에서 누가 이득을 보는지, 누구의 고통이 가중되는지, 누가 누구에게 비인간적이고 무의미한 삶을 강요하는지 지켜보았다. 그 결과 노동은 임금에게, 삶은 생존에게, 영혼은 기계에게 자리를 내주는 것을 지켜보았다. 진리를 향한 슈마허의 66년에 걸친 긴 여정은 인류가 이와 같은 소위 근대적 무지에서 벗어나 오래된 지혜를 구하는 순례의 길로 들어설 때 비로소 새로운 대안이 가능한 것임을 몸소 보여준 시간이었다. 이 순례는 고난이 아닌 기쁨의 길이자 억압이 아닌 해방의 길이며, 혼자가 아닌 여럿이 함께 하는 길이자 노예가 아닌 자유의 길이 될 것이라고 슈마허는 생각했다.

지금 우리의 삶을 돌아보면 슈마허가 말한 '좋은 노동'이 얼마나 중요한 것인지 절실히 느낄 수 있다. 오랫동안 삶 속에 묻혀있던 노동은 자본주의의 등장으로 삶과 분리되면서 하나의 상품이 되었다. 누구나 손쉽게 노동을 사고 팔 수 있게 되자 돈으로 거래될 수 없던 삶의 영역도 소위 사고 팔 수 있는 상품이 되었다. 삶과 노동이 하나이던 시절에는 노동을 통해 민중들의 다양한 공동체 문화가 꽃필 수 있었지만 삶과 노동이 분리되기 시작하면서 노동문화는 사라지고 오직 상품적 가치만 노동에 남게 되었다. 오늘날의 노동은 돈이 되는 노동과 돈이 되지 않는 노동으로만 나눠지기에 흙을 만지는 손은 비웃음의 대상이 되고, 숫자를 다루는 손은 선망의 대상이 된다. 이웃과 이웃을 이어주고 공동체에 생기를 불어넣어주던 활력소로서의 노동이 지금은 각자의 물질적 성공을 위한 수단으로 전락됨으로써 개인의 이기심만이 노동의 유일한 동력으로 남게 되었다. 좋아서 하는 일은 취미가 되고 그렇지 않은 일은 노동이 되자 아이러닉하게도 사람들은 더 이상 노동을 하지 않으려고 죽을힘을 다해 노동을 하게 되었다. 이런 노동은 슈마허도 비판했듯이 영혼

없는 노동이며 삶에서 생기를 앗아가는 죽은 노동이다. 이런 노동을 통해서는 공동체는 말할 것도 없고 자기 자신조차도 좋은 삶을 살기 어렵다. 좋은 삶은 불안이 아닌 기쁨이 삶의 본질이 되고, 고통이 아닌 활력이 노동의 본질이 될 때 가능한 것이다. 삶에서는 생기를 느끼고, 노동에서는 기쁨을 느끼고, 배움에서는 해방을 느낄 수 있는 그런 사회가 된다면 그런 변화야말로 슈마허가 추구한 예술작품으로서의 삶이 될 것이다.

마지막으로 이 책에 대해 간략하게 설명하자면 『굿 워크』는 1979년에 나온 HARPER COLOPHON BOOKS의 초판을 번역하였다. 원서는 총 6장으로 구성되어 있지만 번역과정에서 2장과 3장을 각각의 주제에 맞게 다시 나누어 총 9장으로 구성되었다. 원서에는 또한 Peter N. Gillingham의 해설이 붙어 있는데 이는 당시의 미국적 정황에 맞춘 내용이어서 수록하지 않았다. 본문에서는 '워크work'를 문맥에 따라 '노동', '일', '작업' 등의 우리말로 번역하였지만 책 제목에서는 그대로 영어를 옮겨 적었다. 슈마허가 말하는 '워크'에는 신성한 육체노동과 함께 종교적 영성작업이란 의미도 담겨있기에 우리말 뜻 가운데 어느 한 가지로 한정되기에는 충분하지 않다고 보았다. 『굿 워크』는 슈마허가 말년에 했던 강연들을 주로 묶은 책으로 그의 사후에 출간되었다. 따라서 이 책에는 그가 말년에 가장 천착했던 문제인 좋은 노동과 좋은 교육에 관한 사상적 성찰과 함께 이를 위한 실천적 탐구가 담겨있다. 또한 슈마허의 생생한 육성이 되살아날 수 있도록 아무런 편집 없이 강연원고가 그대로 실려 있기에 독자들은 슈마허의 사상적 깊이뿐 아니라 그의 인품과 유머 감각, 말솜씨까지 마치 앞에서 듣는 것처럼 생생하게 느낄 수 있다. 이 책에서 슈마허가 구사하는 풍부한 문학적 은유와 비유, 그가 인용하는 많은 성서적 우화, 통쾌한 유머와 비판에 이어 인류에게 보내는 묵시록적 비전을 통해 그의 강연이 많은 독자들에게 어려운 시대를 건널 삶의 지혜를 선사하고, 나아가 자신이 하고 있는 노동을 들여다볼 좋은 계기를 줄 수 있기를 바란다. 끝으로 이 책이 나오기까지 박노해 시인과 느린걸음의 허택 대표의 노고가 컸으며, 역자뿐 아니라 이 책에 도움을 주신 많은 분들에게도 지난 시간이 '좋은 노동'의 시간이었음을 감히 밝히는 바이다.

# 찾아보기

## ㄱ

가나 Ghana  158, 175, 212
가난의 문화  209
가치체제  9, 11, 58
간디 Mahatma Gandhi  110, 124, 243, 244, 252
개발도상국  11, 145, 152, 158, 160, 175, 180, 208, 212
개발 지역  88~90
개인  53, 56, 59, 64, 65, 80, 104, 118, 133, 193
개체 형성  191
거대중  96
거대 자본  101
거대 기술  83, 88, 114, 179
거대 기업  82, 84, 112, 118
거대 도시  87, 88
거대 조직  122, 127, 230
거대한 선과 거대한 악  52, 55, 61
건축  26, 149, 150, 180, 181, 210

경영  11, 59, 119, 120, 121, 125, 132~133, 222~ 223
경영자  16, 59, 78, 120, 124, 215
경제성장  63
경제학  9, 17, 26, 38, 45, 171, 205, 210
경제협력개발기구 OECD  27
『고도를 기다리며』  110
공동소유권 회사  9, 244
공동소유제  138, 139
공동조합  131~133
공리주의  199, 201
공산주의  56, 242
공유지의 비극  227
공장  15, 47, 65, 81, 102, 107, 215, 223
과학  39, 46, 62, 69, 75, 82, 84, 99, 100, 150, 166~167, 188, 211, 228
『과학의 윤리적 딜레마』  62
관료주의  78, 81, 121, 201
광고  56

광물자원 68
교통 43, 88
국민총생산 GNP 206~207
국유화 32, 117, 118
권위주의 60, 65
규모의 경제학 46, 95
기계 101, 102, 155, 156, 195, 196
기독교 63, 70, 191, 208, 226
기술 75~79, 81
   기술과 노동 80, 85
   기술과 자유 90~91
   기술과 정착형태 86~90
   기술 발전 85
   기술평가단 85

ㄴ

노동 57, 58, 60, 66, 172, 196
   나쁜 노동 190, 195
   좋은 노동 187, 188, 190, 192, 194, 198
   좋은 노동을 위한 교육 187, 198, 200
   노동력 166, 167
   노동분업 80
   노동시간 54, 58, 136, 139
   노동생산성 58
   노동의 핵심적 역할 194
   노동자 15, 17, 58, 59, 65, 76, 80, 197
   노동조합 60, 117, 170
   노동집약형 157, 218
   육체노동 54~55, 57
   정신노동 54~55, 57
나이지리아 Nigeria 144, 149, 150
내륙 도시 41
노예 64, 90, 166, 195
농업 38~40, 97, 112, 144, 155, 156, 231
니어링 Scott Nearing 113

ㄷ

다윗 왕 235
다정 사랑 보살핌 Tender Loving Care(T.L.C) 231
단테 Alighieri Dante 15
『당혹한 이들을 위한 안내서』 7, 9
대안 45, 104, 112, 113, 178
대중문화 61
대량생산 44~45, 56, 89, 96, 102, 216
대체연료 168
데카르트 Rene Descartes 188, 190
도시화 86, 88, 90
되기를 배우는 배움터 64

ㄹ

리비아 31, 32

『리터러시의 이용』 61

ㅁ

마르크스 Karl Marx 75, 76, 78, 79, 80
마오쩌둥 毛澤東 171, 172, 173
마키아벨리 Niccolo Machiavelli 64
메갈로폴리스 87, 89
메갈로폴리탄화 87, 90
모로코 39
문화적 착취 61
미국 10, 67, 84, 86, 182, 206, 224
민주주의 60, 64, 134
민중 64, 246, 257
밀 30, 130
밀과 가라지 52, 63

ㅂ

배더 Ernest Bader 130~131, 136
백열 기술혁명 84
버마 154, 217
『복음서』 51~56, 59, 60, 63, 67, 71
복잡성 91, 96
부르주아 75~77
불교 213, 217
「비버리지 보고서」 8~9
비즈니스 Business 147

비폭력 12, 69, 103

빈곤 12, 84, 159, 160

ㅅ

사도 바울 192
사물 전체 the whole thing 213
사우디아라비아 34, 35
사회주의 56, 78, 87
산업병리학 80
산업사회 51, 52, 53, 54, 55, 56, 58, 67, 68
산업사회의 네 가지 본성 60
산업주의 57, 58, 59
상부구조 81, 84, 85
생산방식 45, 76, 79, 80, 217
생산성 59, 180, 231
생산수단 75, 76, 77
생산양식 45, 103
생활양식 45, 104
석유 27~30, 38~45
석유 수출국 기구 OPEC 29, 157
석탄 27, 29, 30, 41, 123
선과학적 pre-scientific 187, 188, 190, 201
성장 62, 67, 193, 197, 207
「성장의 한계」 166
소규모 45, 46, 106, 117, 145 174~176, 217

소득 창출형 에너지 42
소련 28, 40
소유주 44, 118, 125, 131, 132, 139
수에즈 운하 27
스리랑카 Sri Lanka 158, 215
스미스 Adam Smith 80, 85
스콧 배더 사 Scott Bader Company 9, 119, 130, 133, 136, 138
식량 41, 86, 231
실업 109, 159, 180, 182

ㅇ

아이젠하워 Dwight D. Eisenhower 27
양극화 67, 86, 208
언론 61
엥겔스 Friedrich Engels 75, 87
여가餘暇 54, 137, 195
엽관제 120
영국 국립석탄위원회 9, 126
영속적 재화 209
영원永遠 40, 209, 225
영혼 16, 19, 63, 69, 170, 195, 197, 198, 208, 226
예술 198, 209
오락산업 61
우크하르트 D. Urquhart 80
운송비 43, 44, 45, 175, 215
원자력 9, 27, 33

원조 145, 156, 159
유기농 39, 111, 127, 129, 130, 178
유명론 nominalism 75
유물론적 과학주의 189, 201, 202
유물론적 형이상학 197, 198
의사전달자 Communicators 147
이기주의 57
이데올로기 79, 230
이란 Iran 31, 37, 78, 95
이윤 56, 60, 66, 81
이주 노동력 229
이해력 80, 85, 247
인간 17, 18, 79, 85, 187, 188, 189, 190, 193, 202
인도 India 8, 11, 154, 158, 213, 214, 222
일본 35, 37, 213
일회적 재화 209
임금 58, 75, 134, 166

ㅈ

자기부정의 법령 133
자동화 84, 198
자본가 60, 64, 138
자본연료 168
자본주의 56, 57, 78
자본집약 45, 100, 109, 218
자연 56, 69, 75, 81, 117, 133

자유 64, 65, 80, 90, 91
『작은 것이 아름답다』 7, 9
잠비아 Zambia 11, 104, 106
재능 18, 57, 148, 153, 200
저우언라이 周恩來 171
적정기술 110, 159, 160, 213, 214
전통문화 234
전통적 지혜 190, 192, 193, 194, 200
정의 101, 121, 230
정체停滯 62
제너럴 일렉트릭 General Electric 127
제화공 89
종교 199, 225, 226
중간기술 81, 98
중간기술개발그룹 47, 143, 151
중간기술산업서비스개발 157
중간기술서비스회사 158
중간기술출판사 153
중국 170~172
중동 28
4차 중동전 27
지식 160
『진보를 위한 도구들』 145
진화 188, 196, 197, 199, 201, 202

ㅊ

천연자원 16, 70, 84, 168
「천연자원: 생존을 위한 동력」 16

체제 57, 75, 81, 82, 83, 113, 114

ㅋ

카다피 Muammar Gaddafi 31, 32, 33
카뮈 Albert Camus 19
쿠르자 Khurja 222, 223
쿠마라스와미 Ananda Coomaraswamy 198
퀘이커교 130, 131, 133

ㅌ

『타임』 Time 15, 35
탈 기술 de-skilling 201
탐욕 56, 60
텍사스 Texas 171
토론토 Toronto 173, 174
아퀴나스 Thomas Aquinas 195, 230
토양협회 Soil Association 9, 11, 126, 129, 177
트랙터 152, 153, 160, 214
토니 R.H Tawney 57

ㅍ

팡가 panga 160
평균비용 44, 45
포드 Henry Ford 102
폭력 69, 98, 99, 100, 103

푸에르토리코 Puerto Rico　171
프랑수아 로슈푸코 공작 Duc de la Rochefoucauld　64
피렌체 대성당　209~210

ㅎ
한계비용　44
핫머니 hot money　37
해방解放　18, 64, 189, 191, 192, 200, 201
해안 도시　41
핵에너지　120
행정 부정이론　121
행정가들 Administrators　122, 147
현대식 농업시스템　38, 39
형이상학　192, 197, 198, 199, 201, 202, 226, 227
호가트 Richard Hoggart　61
화석연료　95, 104, 165, 167, 168, 231
획득본능　66
힘멜헤버 Max Himmelheber　182, 183
힐 A. Hill　62

굿 워크 Good Work

초판 1쇄 발행 2011년 10월 21일
초판 5쇄 발행 2019년  5월 20일

지은이 | E. F. 슈마허
옮긴이 | 박혜영
디자인 | 홍동원, 윤지혜
홍보 마케팅 | 이상훈
프린트 디렉션 | 유화컴퍼니
종이 | 월느페이퍼
인쇄 | 한영문화사
실크스크린 | 이지앤비
제본 | 에스엠북

발행인 | 임소희
발행처 | 느린걸음
등록일 | 2002년 3월 15일
등록번호 | 제 300-2009-109호
주소 | 서울시 종로구 사직로8길 34, 330호
전화 | 02-733-3773
팩스 | 02-734-1976
이메일 | slow-walk@slow-walk.com
블로그 | http://slow-walk.com
페이스북 | facebook.com/slow-walkbooks

ISBN 978-89-91418-12-7  03320